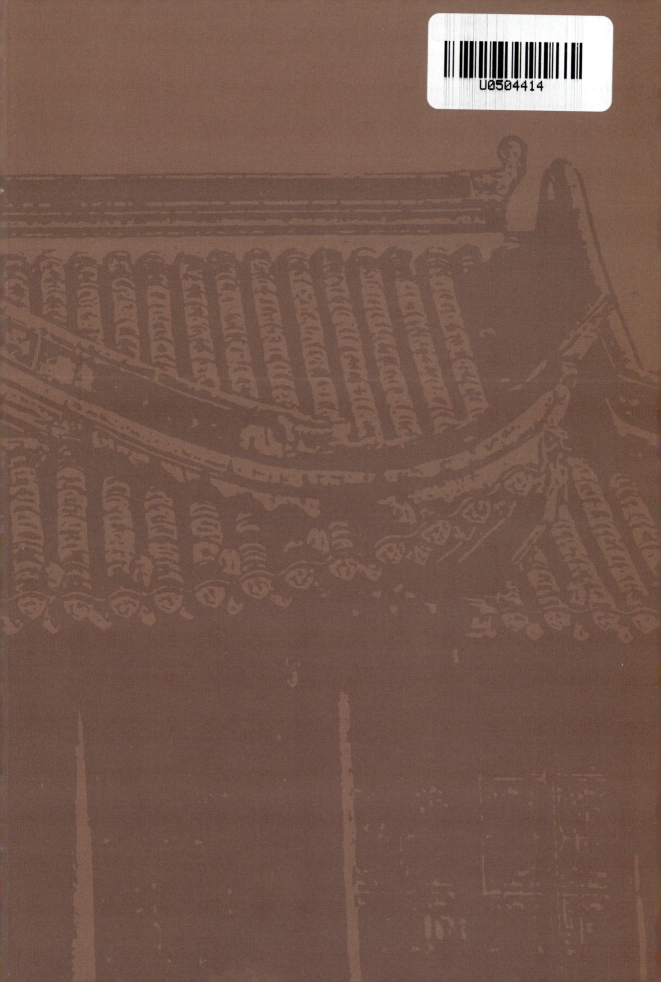

中国语言资源保护工程

中国语言文化典藏系列　编委会

主　编

曹志耘　王莉宁　李锦芳

委员（音序）

郭　浩　何　瑛　黄成龙　黄拾全　李云兵

刘晓海　苗东霞　沈丹萍　王　锋　严修鸿

杨慧君　周国炎　朱俊玄

曹志耘 王莉宁 李锦芳 主编

中国语言文化典藏·泰州

顾黔 著

商务印书馆
SINCE 1897
The Commercial Press

随着现代化、城镇化的快速发展，我国的语言方言正在迅速发生变化，而与地域文化相关的语言方言现象可能是其中变化最剧烈的一部分。也许我们还会用方言说"你、我、他"，但已无法说出婚丧嫁娶各个环节的方言名称了。也许我们还会用方言数数，但已说不全"一脚穷，两脚富……"这几句俗语了。至于那些世代相传的山歌、引人入胜的民间故事，更是早已从人们的生活中销声匿迹。而它们无疑是语言方言的重要成分，更是地域文化的精华。遗憾的是，长期以来，我们习惯于拿着字表、词表去调查方言，习惯于编同音字汇、编方言词典，而那些丰富生动的方言文化现象往往被忽略了。

2017 年，中共中央办公厅、国务院办公厅《关于实施中华优秀传统文化传承发展工程的意见》首次提出"保护传承方言文化"。2020 年，国务院办公厅《关于全面加强新时代语言文字工作的意见》明确提出"科学保护方言和少数民族语言文字"。语言方言及其文化的保护传承写进党和政府的重要文件，具有重要的历史意义。党中央、国务院的号召无疑是今后一个时期内，我国语言文字工作领域和语言学界、方言学界的重要使命，需要我们严肃对待，认真落实。

中国语言资源保护工程于 2015 年启动，已于 2019 年顺利完成第一期建设任务。针对我国传统语言方言文化现象快速消失的严峻形势，语保工程专门设了 102 个语言文化调查点（包括 25 个少数民族语言文化点和 77 个汉语方言文化点），按照统一规范对语言方言文化现象开展实地调查和音像摄录工作。

为了顺利开展这项工作，我们专门编写出版了《中国方言文化典藏调查手册》（商务印书馆，2015 年）。手册制定了调查、语料整理、图册编写、音像加工、资料提交各个阶段的工作规范；并编写了专用调查表，具体分为 9 个大类：房屋建筑、日常用具、服饰、饮食、农工百艺、日常活动、婚育丧葬、节日、说唱表演，共 800 多个调查条目。

调查方法采用文字和音标记录、录音、摄像、照相等多种手段。除了传统的记音方法以外，还采用先进的录音设备和录音软件，对所有调查条目的说法进行录音。采用高清摄像机，与录音同步进行摄像；此外，对部分语言方言文化现象本身（例如婚礼、丧礼、春节、元宵节、民歌、曲艺、戏剧等）进行摄像。采用高像素专业相机，对所有调查条目的实物或活动进行拍照。

这项开创性的调查工作获得了大量前所未有的第一手材料。为了更好地保存利用这批珍贵材料，推出语保工程标志性成果，在教育部语言文字信息管理司的领导下，在商务印书馆的鼎力支持下，在各位作者、编委、主编、编辑和设计人员的共同努力下，我们组织编写了《中国语言文化典藏》系列丛书。经过多年的努力，现已完成50卷典藏书稿，其中少数民族语言文化典藏13卷，汉语方言文化典藏37卷。丛书以调查点为单位，以调查条目为纲，收录语言方言文化图片及其名称、读音、解说，以图带文，一图一文，图文并茂，EP同步。每卷收图600幅左右。

我们所说的"方言文化"是指用特殊方言形式表达的具有地方特色的文化现象，包括地方名物、民俗活动、口彩禁忌、俗语谚语、民间文艺等。"方言文化"是一个新的研究领域，需使用的调查、整理、加工方法对于我们当中很多人来说都是陌生的，要编写的图册亦无先例可循。这项工作的挑战性可想而知。

在此，我要向每一个课题的负责人和所有成员道一声感谢。为了完成调查工作，大家不畏赤日之炎、寒风之凛，肩负各种器材，奔走于城乡郊野、大街小巷，记录即将消逝的乡音，捡拾散落的文化碎片。有时为了寻找一个旧凉亭，翻山越岭几十里路；有时为了拍摄丧葬场面，与送葬亲友一同跪拜；有人因山路湿滑而摔断肋骨，住院数月；有人因贵重设备被盗而失声痛哭……在面临各种困难的情况下，大家能够为了一个共同的使命，放下个人手头的事情，不辞辛劳，不计报酬，去做一项公益性的事业，不能不让人为之感动。

然而，眼前的道路依然崎岖而漫长。传统语言方言文化现象正在大面积地快速消逝，我们在和时间赛跑，而结果必然是时间获胜。但这不是放弃的理由。著名人类学家弗雷泽说过："一切理论都是暂时的，唯有事实的总汇才具有永久的价值。"谨与大家共勉。

曹志耘

2022年4月13日

目录

一 泰州

泰州地处江苏中部，南部濒临长江，北部与盐城毗邻，东临南通，西接扬州。自古有"水陆要津，咽喉据郡"之称，是长三角中心城市之一。地理坐标为北纬32°01′57″—33°10′59″、东经119°38′21″—120°32′20″。现辖靖江、泰兴、兴化三个县级市，海陵、高港、姜堰三区，以及医药高新区和农业开发区，总面积5787.26平方公里。其中陆地面积占77.85%，水域面积占22.15%，市区面积1567.13平方公里。2016年年末户籍总人口508.21万，少数民族人口占总人口的0.14%，土家族、苗族、回族人口较多。

全市除靖江有一独立山丘"孤山"外，其余均为江淮两大水系冲积平原。地势呈中间高、南北低走向。河网密布，纵横交织。北部地区湖泊分布较多。位于北亚热带湿润气候区，受季风环流的影响，具有明显的季风性特征。四季分明，夏季高温多雨，冬季温和少雨，无霜期长，热量充裕，降水丰沛，雨热同期。一般在3月底、4月初进入春季，6月上、中旬进入夏季，9月中旬开始进入秋季，11月中旬转入冬季。气温最高在7月，最低在1月。

泰州是历史文化名城，素来有"汉唐古郡，淮海名区"的美誉，兼融吴楚越之韵，汇聚江淮海之风。据《泰州志》（1998）载，西汉元狩年间始置海陵县，东晋义熙七年（411年）设海陵郡。隋文帝开皇三年（583年），海陵废郡为县，属吴州；开皇九年（589年），海陵县属扬州。隋炀帝大业初年（605年），海陵县属江都郡。南唐烈祖昇元元年（937年）建泰州，割盐城、泰兴、如皋、兴化属之，泰州之名始于此，王象之《舆地纪胜》卷四十："相传以为取通泰之义"。1912年改称泰县，1949年设立泰州市，为江苏省设置最早的县级市。1954年11月，泰州市改为省辖市。1983年1月，江苏省实行市管县体制，泰州市属扬州市。1996年8月12日，县级泰州市从扬州市划出，组建地级泰州市。1997年，海陵区、姜堰市、泰兴市部分行政区划进行调整，组建高港区。2012年12月，撤销县级姜堰市，设立姜堰区。

泰州文化底蕴深厚，人文荟萃、名贤辈出，"儒风之盛，素冠淮南"，施耐庵、王艮、郑板桥、刘熙载、梅兰芳、丁文江等是泰州文化艺术史上的杰出代表。泰州名胜古迹众多，光孝寺、崇儒祠、城隍庙、安定书院、日涉园、望海楼、梅兰芳纪念馆、郑板桥故居、黄桥战役纪念馆等人文景观，传承历史，文脉灵动；溱湖湿地、千岛菜花、水上森林、天德湖公园、古银杏森林等自然景观，风光绮丽，美不胜收。

二 泰州方言

（一）概述

泰州方言属江淮官话通泰片，是该片的代表方言。与吴语仅一江之隔，方言接触频繁；加之它的底层可能是吴语，又与客赣方言关系密切，情况颇为复杂。今泰州方言入声分阴阳，调值阴低阳高；全浊声母清化，逢塞音、塞擦音不论平仄一律送气，与邻近的江淮官话洪巢片不同。

泰州方言内部存在地域差异，主要表现为：市区单元音 [i] 在郊区高化为 [ɿ]，因此，"鸡＝资" [tsɿ²¹]，"旗＝瓷" [tsʰɿ⁴⁵]，"洗＝死" [sɿ²¹³]。年龄差异主要表现为，老年人口中的很多白读音，青年人已经不说，如"步、並"，老年人有白读 [pʰ] 和文读 [p] 两种，青年人基本只有文读 [p] 一种。此外，青年人音系中新增韵母 [yɪʔ]，如"桔 [tɕyɪʔ³]、屈 [tɕʰyɪʔ³]、月 [yɪʔ⁵]"等。

泰州方言动词后常附有一个"啊"，分布范围很广，使用频率很高，是泰州方言语法的重要特点。它可以附于动词后，表示完成、进行或状态的持续，如"剪啊头，洗啊澡"；可以用在动词与补语之间，表示动作发生的趋向、场所及程度、结果等，如"跑啊街上去"；也可以用于句末，做语气助词等。随前字韵尾的不同，"啊"的实际读音有所区别：在阴声字后读"啊" [a⁰]、"呀" [ia⁰] 等；在阳声字后读"啊" [ŋa⁰]；在入声字后读"嘎" [ka⁰]。

泰州方言的差比句有两种表达方式：第一种与普通话类似，如"老王比老李胖"；第二种表现形式为"甲＋形容词＋似＋乙"，如：这个大似那个这个比那个大。

由疑问副词"个"加谓词性成分构成的"个 VP"问句，是泰州方言也是通泰方言重要的疑问句式，具体形式如下：

1. 个 VP

基本形式为"（NP/VP）+ 个 +VP"，后面可以接语气词"啊"。例如：

①你个去啊_{你去吗?}

②你个欢喜跳舞啊_{你喜欢跳舞吗?}

2. 个曾 VP

基本形式为"（NP/VP）+ 个 + 曾 +VP+（PRT）"，后面可以接语气词"啊"。例如：

①你个曾吃饭啊_{你吃过饭了吗?}

②你个曾去过北京啊_{你去过北京吗?}

受普通话的影响，泰州方言中也开始出现"VP 不 VP"的说法。例如：

①他是不是泰州人?

②你到底家去_{回家}不家去_{回家}?

③你放心不放心?

泰州方言"个 VP"和"VP 不 VP"两种问句共存，是异源叠置，是语言接触的结果。

（二）泰州方言音系

1. 声母（19个）

p 八兵波病$_1$　　pʰ 怕片爬病$_2$　　m 麦明门马　　f 飞风饭冯　　v 味问温围

t 多东大党　　　tʰ 讨天甜稻　　　n 脑南连路

ts 资柱竹字$_1$　　tsʰ 刺仓茶字$_2$　　　　　　　　　s 丝尝事十　　z 软认绕扰

tɕ 酒九精舅$_1$　　tɕʰ 秋全清舅$_2$　　　　　　　　ɕ 想信县下$_1$

k 高古共歌　　　kʰ 开枯恐狂　　　　　　　　　　x 好含活下$_2$

ø 熬月安移

说明：[tɕ]、[tɕʰ]、[ɕ] 近似 [tʃ]、[tʃʰ]、[ʃ]。

2. 韵母（48个）

ɿ 师丝试四	i 米戏地皮	u 布主锣妇	y 雨虚女
a 马蛇爬茶	ia 加野姐写	ua 花靴瓜瓦	ya 茄
ɜ 盖开排鞋	iɛ 介借写	uɜ 怪帅拐快	
ɔ 饱保桃烧	iɔ 条孝窑		
ɤɯ 豆走过坐	iɤɯ 油幽纽		
əi 飞为肺费		uəi 鬼水回跪	
ər 儿耳			
	ĩ 盐年天变		
ɛ̃ 产反懒三	iɛ̃ 减坚限奸	uɛ̃ 赚幻关环	
ũ 半短官船			yũ 权犬绢
aŋ 方党桑上	iaŋ 响良讲羊	uaŋ 光床狂王	
əŋ 深根庚横	iŋ 紧林英星	uəŋ 温昏滚	yŋ 云均
oŋ 东红龙公	ioŋ 熊穷胸用		
aʔ 托壳剥	iaʔ 药学削	uaʔ 郭藿	
æʔ 八辣鸭法	iæʔ 甲峡	uæʔ 刮括	yæʔ 刷
əʔ 直十尺色		uəʔ 骨忽	yəʔ 出橘
	iʔ 急七贴节		
ɒʔ 北白谷绿	iɔʔ 局菊		
uʔ 活说			yuʔ 月雪

说明:

① [i] 与 [tɕ]、[tɕʰ]、[ɕ] 相拼时, 有些青年人读为 [tsɿ]、[tsʰɿ]、[sɿ]。

② [u] 唇形甚展, 与零声母及 [k]、[kʰ]、[x] 相拼时, 实际为 [uɛ]。

③ [ɜ]、[iɛ]、[uɜ] 中的 [ɜ] 较高, 近似 [ɛ]。

④ 老派 [ər] 卷舌程度轻微。

⑤ 入声韵喉塞尾 [-ʔ] 有时不明显, 有舒化趋势。

⑥ [m]、[ŋ] 可自成音节, 仅在口语中使用。

3. 声调（6 个）

调类	调值	例字
阴平	[21]	开天东父₂坐₂
阳平	[45]	皮铜牛门红
上声	[213]	鬼九统苦草
去声	[33]	冻怪去父₁坐₁
阴入	[3]	谷百搭节急
阳入	[5]	六麦叶盒罚

说明：

① 去声实际调值在 [33] 与 [44] 之间，记作 [33]。

② 阳入实为 [45]，记作 [5]。

（三）连读调

只记实际调值。前字为上声，后字亦为上声时，前字调值有时由 [213] 变为 [23]，如：小瓦 [ɕiɔ²¹³ʲ²³ua²¹³]、水桶 [suəi²¹³ʲ²³tʰoŋ²¹³]。前字为阳入，若其后紧跟一个以 [m、n、v、z] 或零声母开头的音节，那么前字调值变同阴平 [21]，喉塞韵尾弱化，如：石棉 [səʔ⁵ʲ²¹miĩ⁴⁵]。

轻声音节，一律标作"0"，一般出现在两字组的后字、三字组的中字。轻声的音高与前字调值终点的音高相近，而与其原调的调值无关，如：铲子 [tsʰɛ²¹³tsɛ²¹³ʲ⁰]。

三 凡例

（一）记音依据

本书记录的是泰州海陵区老派语音。发音人王来顺，男，1949 年 10 月出生于泰州。文化程度为初中。世居泰州，无长期离开泰州读书或工作的经历，语言环境单纯。

（二）图片来源

本书收录泰州方言文化图片 600 余幅。这些图片大部分是近年来在泰州海陵区拍摄的，其余是在泰州市范围内的其他乡镇拍摄的。

（三）内容分类

本书所收的泰州方言文化条目，按内容分为9大类32小类：

（1）房屋建筑：住宅、其他建筑、建筑活动

（2）日常用具：炊具、卧具、桌椅板凳、其他用具

（3）服饰：衣裤、鞋帽、首饰等

（4）饮食：主食、副食、菜肴

（5）农工百艺：农事、农具、手工艺、商业、其他行业

（6）日常活动：起居、娱乐、信奉

（7）婚育丧葬：婚事、生育、丧葬

（8）节日：春节、元宵节、端午节、其他节日

（9）说唱表演：口彩禁忌、俗语谚语、歌谣、故事

（四）体例

（1）每个大类开头先以一段短文对本类方言文化现象做概括性介绍。

（2）每个条目均包括图片、方言词、正文三部分。"说唱表演"不收图片，只有方言词和正文两部分。

（3）各图单独、连续编号，例如"1-25"，短横前面的数字表示大类，短横后面的数字是该大类内部图片的顺序号。图号后面注拍摄地点（一般为街道名）。图号和地名之间用"◆"隔开，如"1-1◆海陵北路"。

（4）在图下标注对应的方言词及其国际音标。

（5）正文中出现的方言词用引号标出，并在一节里首次出现时注国际音标，对方言词的注释用小字随文夹注；在一节里除首次出现外，只加引号，不注音释义。为方便阅读，一些跟普通话相同或相近的方言词，在同一节里除首次出现外，不再加引号。

（6）同音字在字的右上角加等号"="表示。无同音字可写的音节用方框"□"表示，例如：吃□豆子 [tsʰəʔ³ŋa²¹³tʰɤɯ²¹tsɛ⁰]□ [ŋa²¹³]：<small>"我家"的合音。</small>

（7）方言词记实际读音，如有变音、变调等现象，一律按变音、变调音记。例如：石棉 [səʔ²¹miĩ⁴⁵]（"石"单字音 [səʔ⁵]）。主要音变规律参看本书"引言"第二部分"泰州方言"。

壹·房屋建筑

泰州位于江苏中部，北部与受齐鲁文化影响较多的苏北地区相接，南部与有吴越历史底层的苏南地区频繁接触。在发展演变过程中，不断与外来文化融合，兼具北方的雄浑和南方的秀美，呈现出独特的地方特色。

泰州传统民居既有北方官式建筑特点，又具南方徽派建筑与浙派建筑风格，多建于明清时期。喜用青砖黛瓦等"冷色"建筑材料，少有"鹤立鸡群"的高大建筑。这是因为泰州古代常有海风，不宜修建高大的房屋。多建庭院、天井，因为泰州水网密集、湿润多雨，必须注意防潮，而庭院、天井能满足采光、通风、排水的需要。

20世纪80年代，古建筑专家陈从周来泰州考察，因泰州古民居规制鲜明、本色雅致，将其命名为"泰式民居"。现今仍有一些古民居保存完好，如明万历年间的汪氏住宅、崇祯年间的宫氏住宅，清康熙年间的陈厚跃故居、雍正年间的程盛修公馆、乾嘉年间的夏家花园（田氏建后归夏姓）、道光年间的钱氏住宅、同治年间的武举尤氏笔颖楼、晚清的李氏建筑群和吴氏九十九间半，以及民国初年泰州军政司令张淦清住宅等。

泰州的房屋建筑很有自己的一套讲究。遇街巷拐弯处，必折去"墙角"[tɕʰiaŋ⁴⁵kaʔ³]，拐角抹边，意为"左右逢源"。拐角处上方逐步挑出如银锭堆积，寓意"和气生财"。民居的屋脊用砖垒成"清水脊"，两端必有山尖翘起呈45°角，脊头用"望砖"[uaŋ³³tsõ²¹]堆砌或嵌雕花青砖，或为堆灰浮雕或彩绘，称为"囊金叠步翘瓦头"，是泰式民居的一大特色。曾有歌诀这样夸赞泰州民居：

黛瓦灰墙青砖地，前厅后堂轴线排；屋面弧弯瓦头翘，举折平缓用粗材。
抱梁荷墩巧雕刻，堂屋穿斗厅屋抬；楠木柏木材质优，只油不漆色和谐。
方格窗芯木柱础，落地屏门隔可开；柱头卷杀方木椽，仿木砖雕饰门外。
门前石鼓八字墙，砖磨照壁显气派；封闭宁静遵定制，典雅朴素讲实在。

1-1◆海陵北路

平房 [pʰiŋ⁴⁵faŋ⁴⁵]

　　用灰土做顶的平顶房屋。房顶基本与地面平行，或略呈后高前低状，便于排水。泰州的平房只有一层，多见于城乡接合部。随着泰州城市化进程的加快，平房正在逐渐消失，但老一辈泰州人还是喜欢住平房。

中国语言文化典藏

1-3◆溱潼古镇

厢房 [ɕiaŋ²¹faŋ⁴⁵]

　　大门两边或正房两侧的房间，多为东西向。在东为"东厢房"或"东厢"，在西为"西厢房"或"西厢"。厢房的通风采光均没有正房好，不宜居住，多作为厨房、杂物间或储藏室。

16

楼房 [nɤɯ⁴⁵faŋ⁴⁵]

　　两层或两层以上的房子,区别于平房。现在的泰州市区内楼房鳞次栉比,造型丰富多样。但在泰州农村,最普遍的楼房样式是两至三层,一家一栋(见图1-2)。

草屋棚儿 [tsʰɔ²¹ɔʔ³pʰən⁴⁵a⁰]

　　一指用竹木等搭架子,上面覆盖芦苇、茅草的棚子,用来遮阳、避雨等(见图1-4);一指草屋,一种以芦苇秆、草和泥土砌墙,茅草做屋顶的房子。"草屋棚儿"是一种较为原始的泰州房屋建筑,现仅偶见于公园和仿古建筑中。

1-5◆石桥

瓦屋 [ua²¹³oʔ³]

用砖做墙体，瓦做屋顶的房子，外观简单朴素。瓦一般用黏土做成的坯烧成，颜色多为烟灰色或青黑色。砖墙多用青砖砌筑。"瓦屋"多为一层的平房，冬暖夏凉，常见于泰州农村地区。

厨房 [tsʰu⁴⁵faŋ⁴⁵]

用来做饭菜的屋子。泰州民居的厨房多设在东西向的厢房中，且多在通风之处，方便排放油烟。厨房里通常有灶台、炉具、清洗池、橱柜等。泰州农村仍保留着老式厨房（见图1-7）。

1-7◆长生

1-6◆黄桥古镇

厅屋 [tʰiŋ²¹ɔʔ³]

又称"堂屋"[tʰaŋ⁴⁵ɔʔ³]。泰州传统民居的正屋通常为三进，其中包括"厅屋"。"厅屋"为南向，进深最大，是举行家庭祭祀、会见宾朋等重要活动的场所。"厅屋"内通常摆设长条桌、八仙桌、茶几、太师椅以及屏风等。

屋顶 [ɔʔ³tiŋ²¹³]

　　房屋或建筑物外部的顶盖。泰州传统民居的房顶多为"人"字形，两面坡。屋顶材料主要为瓦或草，今也有水泥顶。

屋脊子 [ɔʔ³tɕiʔ³tsɛ⁰]

　　即屋脊，屋顶中间隆起的部分。不仅与保护中梁、牢固屋面有关，还与造型美观、寓意吉祥密切相关。泰州的屋脊，通常脊身平直，脊头翘起呈45°。屋脊用砖垒成一道一道的平行线，民间称"清水脊"（见图1-8）。脊头常用"望砖"搭成双喜、寿字等，或嵌雕花青砖，或为浮雕彩绘。屋脊中间刻有八仙、蝙蝠、寿桃等图案。

平顶 [pʰiŋ⁴⁵tiŋ²¹³]

　　平的屋顶，与尖顶相对。平顶多用水泥筑成，坡度小，节约材料。平顶的利用空间较大，可用作晒台、屋顶花园，也可放置太阳能热水器等。泰州的平顶多见于现代建筑。

1-11◆海陵北路

尖顶 [tɕiĩ²¹tiŋ²¹³]

建筑物的屋面在顶部交汇成一条直线，形成尖顶。尖顶的顶部为"屋脊子"。泰州气候湿润、雨水充沛，传统民居多为尖顶，有利于雨水下落，防止屋顶积水。尖顶施工简便，易于维修，样式变化较多。

1-10 ◆迎春路

一披水 [iĩʔ³pʰi²¹suəi²¹³]

辅助性建筑，只有一面斜顶。多依附于其他建筑，通常与正房两侧或后面的墙壁相连，共用一面墙。多用来堆放杂物，具有防风、抗震、隔热、隔音、保温、防潮等优点。

1-12 ◆杜庄

1-13◆黄桥古镇

瓦 [ua²¹³]

铺屋顶的建筑材料，一般用泥土烧成。泰州民居用料考究，明清时期所用砖瓦大多来自里下河（溱潼等地）的砖窑。里下河的黑土，含有不少有机物，不黏不松，是制作瓦片的上等材料，烧成的瓦色调一致、规格相同、强度高、耐腐蚀。

1-16◆海陵北路

玻璃瓦 [pu²¹ni⁴⁵ua²¹³]

用玻璃钢制成的瓦，具有防腐蚀、耐老化、抗冲击、透光率高、成型美观、造价低廉、采光性好等优点，是优质绿色建材。被广泛用于泰州的工业厂房、仓库、温室、车站、码头、航空港等。

1-15◆海陵北路

1-14◆海陵北路

小瓦 [ɕiɔ²³ua²¹³]

普通的中式瓦，略呈弧形，通常较薄。"小瓦"的规格并不统一，通常长17厘米，宽13厘米，重300—400克。有大、小头之分，大头宽厚，小头窄薄。泰州的旧式房屋多使用这种瓦。

洋瓦 [iaŋ⁴⁵ua²¹³]

又称"平瓦"[pʰiŋ⁴⁵ua²¹³]。以黏土烧制而成的一种平板式瓦，呈长方形，相互扣连，是泰州盖屋顶的主要材料。主要用在房屋两侧，瓦上有挂钩，可以挂在挂瓦条上防止下滑，瓦中突出物上有小孔。因防水、排水需要，"洋瓦"一般带有沟槽。

望砖 [uaŋ³³tsõ²¹]

也作"宨砖""汪砖"等。是一种平铺在椽子上的薄砖，多为条砖，方砖较少，通常用于较讲究的砖木结构房屋中。可分担瓦片重量，防止透风、落尘、漏雨，使室内顶面平整美观。

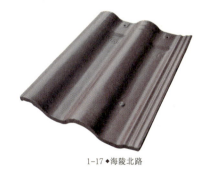

1-17◆海陵北路

琉璃瓦 [niɤɯ⁴⁵ni⁴⁵ua²¹³]

内层用黏土、表面用琉璃烧制而成的瓦，在古典建筑中大量使用。具有强度高、平整度好、吸水率低、造型多样、釉色质朴等优点。素有"江淮第一楼"美誉的泰州望海楼，因以琉璃瓦铺顶，被泰州人称作"琉璃瓦望海楼"。

1-18◆长生

泰
州

壹
·
房
屋
建
筑

25

1-19◆黄桥古镇

屋檐瓦 [ɔʔ³iĩ⁴⁵ua²¹³]

铺在屋檐上，用于防水、排水，保护木结构房屋的瓦。常见的有三角形和椭圆形，泰州传统民居多采用三角形样式。上刻图案或文字，图案有植物、花鸟等，文字有"福禄寿""平安"等吉祥语。

1-20◆黄桥古镇

砖墙 [tsũ²¹tɕʰiaŋ⁴⁵]

砖块跟混凝土砌筑的墙，具有较好的承重、隔热、防火等性能。砖墙可做承重墙、外围护墙和内分隔墙。泰州建筑中砖墙十分普遍，多用小青砖砌筑，美观大方，很少看到用石灰粉刷的白粉墙。

篱笆墙 [ni⁴⁵pa²¹tɕʰiaŋ⁴⁵]

通常用竹子、芦苇、树枝等编成，环绕在房屋、场院周围。泰州的篱笆墙在排列上有竖排、交叉排等几种方式。现在泰州城区已不常用篱笆墙，仅在部分乡村有所保留。

墙根子 [tɕʰiaŋ⁴⁵kən²¹tsɛ⁰]

墙的下段跟地面接近的部分，也叫墙脚。泰州空气湿度大，墙脚较建筑物的其他地方更加潮湿。在农村地区，一般在墙脚处栽种小葱、青菜等。

泰州 壹·房屋建筑

墙头 [tɕʰiaŋ⁴⁵tʰɤɯ⁴⁵]

墙的上部和顶端。根据主人的喜好，墙头可高可低。有的简单朴素；有的装饰复杂，专门请工匠修砌。

墙角 [tɕʰiaŋ⁴⁵kaʔ³]

两堵墙相接而形成的角。旧时泰州街巷集中，比较狭窄，行人、车辆容易在转角处发生碰撞。因此，将墙角裁去，便于通行，民间称为"左右逢源"，是泰式民居的一大特色，体现了以人为本的建筑理念。

山墙 [sɛ̃²¹tɕʰiaŋ⁴⁵]

砌筑于建筑物两端的墙体，因顶部形状像山，故称"山墙"，有围护建筑、防火等作用。"山墙"上部因建筑屋顶和地方习惯等不同而造型不同，有人字形、锅耳形、波浪形等。泰州民居多采用人字形。

墙裙 [tɕʰiaŋ⁴⁵tɕʰyŋ⁴⁵]

加在室内墙壁下半部，起装饰和保护作用的表面层。多用水泥、瓷砖、木板等材料，一般高1—2米。为了美观，现在泰州地区的"墙裙"样式越来越丰富，所使用材质也越来越多样。

泰州　壹·房屋建筑

马头墙 [ma²¹³tʰɤɯ⁴⁵tɕʰiaŋ⁴⁵]

因形状酷似马头而得名，又称"防火墙" [faŋ⁴⁵xu²¹³tɕʰiaŋ⁴⁵]，是泰州传统建筑的特色。传统木结构房子着火后，火势极易顺房蔓延，马头墙可有效阻断火势蔓延。马头墙长短有度，高低错落，具有装饰作用，常见于祠堂、厅堂、庙宇等重要建筑。

1-27◆望海楼风景区

女儿墙 [ny²¹³a⁴⁵tɕʰiaŋ⁴⁵]

又叫"女墙"，指城墙上呈凹凸形的短墙。刘禹锡《石头城》中"淮水东边旧时月，夜深还过女墙来"，指的便是这种墙。现在泰州建筑物屋顶也常建有"女儿墙"，起保护人员安全、装饰建筑立面的作用。

骑楼 [tɕʰi⁴⁵ŋɣɯ⁴⁵]

楼房向外伸到人行道上的部分。多为商住两用建筑，可遮阳避雨，提供良好的步行环境，更好地促进商业活动。在泰州老街，沿街两侧的古式店铺均为骑楼。

1-28◆海陵北路

1-29◆税乐街

大门 [ta²¹məŋ⁴⁵]

特指整个建筑物临街的主门。泰州传统民居的大门由门扇、门框、门楣、门墩等组成，不做门楼或门罩，仅做砖砌的门框。大门一般朝南，后门朝北，家家皆有大门堂。现代家庭为了防盗，大门多为防盗门。

厢房门 [ɕiaŋ²¹faŋ⁴⁵məŋ⁴⁵]

又称"厢屋门"[ɕiaŋ²¹ɔʔ³məŋ⁴⁵]。"隔扇门"是"厢房门"的一种（见图1-33），主要由绦环板、格心、裙板组成。隔扇通常为四扇、六扇和八扇。格心棂条相交，多用几何形做成花结。绦环板和裙板是房门雕刻的重点部位，泰州民风尚简，故雕饰不多。

中国语言文化典藏

院门儿 [yũ³³məŋ⁴⁵a⁰]

院子的门。泰州的院门由门扇、门框、门楣、门槛等组成,多为双开门,造型简洁,坚固安全。院门通常装饰有金属配件、红灯笼、对联、门神、门笺等。旧时院门象征着主人的身份、地位、财富、品性,很有讲究。大户人家多修得气派豪华,贫寒之家也尽量修缮体面。

堂屋门 [tʰaŋ⁴⁵ɔʔ³məŋ⁴⁵]

正房的门。多为双开门、四开门或六开门。农村建房注重风水禁忌,"堂屋门"一般不正对院门。

泰州　壹·房屋建筑

圆门儿子 [yõ⁴⁵məŋ⁴⁵a⁰tsɛ⁰]

　　以砖石砌成的圆形门洞，有门框，没有门扇。多见于泰州大户人家的后花园，是一种装饰性门洞，用作园中通道，一般在上部镶嵌字匾。

中国语言文化典藏

1-34◆海陵北路

1-35◆府前路

仪门 [i⁴⁵məŋ⁴⁵]

　　即礼仪之门，指进了大门之后的第二道门，常见于泰州规模较大的传统民居建筑。"仪门"是建筑入口空间与内部空间的界线，作为迎送宾朋之所，形制往往比较讲究，常采用精磨细研的青砖，对缝砌筑，有蕴含祈福入仕等寓意的砖雕。

腰门儿子 [io²¹məŋ⁴⁵a⁰tsε⁰]

　　即腰门，大门外的半截矮门，多见于泰州农村地区，相传源自明朝戚继光抗击倭寇的防御工事。腰门有单扇、双扇、透空栅栏等多种样式，有的门上竖有铁打的三叉戟，用以防盗，保障住宅安全。腰门可防止家禽、牲畜入院，弄脏地面。

1-36◆海陵北路

泰州　壹·房屋建筑

35

石鼓 [səʔ⁵ku²¹³]

置于大门两侧的门轴底部，用来固定门轴、镇宅辟邪的石墩。泰州传统的"石鼓"多呈圆形，有精美雕花，根据主人官职大小，有高低平凸等多种形式。

花墙 [xua²¹tɕʰiaŋ⁴⁵]

即景墙，大多见于泰州的园林建筑中，用作分隔空间，也可直接作为景观欣赏。通常包括墙体、墙面饰、顶饰、窗洞、门洞等部分。"花墙"上有不封闭的空窗，窗洞内用瓦片、薄砖等堆砌出各种镂空图案，可使两侧空间似隔非隔，景物若隐若现。

巷子 [xaŋ³³tsɛ⁰]

指窄小的街道。泰州有许多老巷子，如北瓦厂巷、石头巷、顾家巷等，至今依旧保留清代、民国时期的建筑。巷子内房屋的布局和结构大致相同，正屋全部朝南，多数人家有水井。

天井 [tʰiĩ²¹tɕiŋ²¹³]

宅院中房子和房子或房子和围墙所围成的露天空地，面积较小，状如深井。泰州地区夏季炎热、多雨潮湿、人稠地窄、布局紧凑，故传统民居多建天井，有利于通风和排水。各屋都向天井排水，寓意"有财不外流"。

天窗 [tʰiĩ²¹tsʰuaŋ²¹]

为采光、通风而在房顶上开的窗子。制作材料有金属、木头等，木质天窗常见于泰州旧式建筑，以增加房屋的采光面积。

庄子 [tsuaŋ²¹tsɛ⁰]

农村社区的基本单元，又称"村庄" [tsʰuəŋ²¹tsuaŋ²¹]。泰州著名的庄子很多，如姜堰区兴泰镇的西城庄村，邻近溱湖景区，四面环水，形似凤凰，素有"凤地"之称。近年来，泰州市积极开展村庄环境整治工作，计划打造传统村落、康居村庄、美丽乡村三类特色村庄。

泰州

壹·房屋建筑

檐头口 [iĩ⁴⁵tʰɤɯ⁴⁵kʰɤɯ²¹³]

又称"檐头"[iĩ⁴⁵tʰɤɯ⁴⁵],是屋檐的边沿,屋顶与外墙墙面的交接处。泰州民居一般为青砖黛瓦,檐口平直。"檐头口"不仅有利于排水和保护墙体,还可起到装饰作用。有些民居在"檐头口"行水处,底瓦和面瓦终端设瓦当,既美观,还可防止鸟雀筑巢。

窗檐 [tsʰuaŋ²¹iĩ⁴⁵]

建筑物外立面窗户上方屋檐形的倾斜构造,起遮光挡雨的作用。窗檐一般与墙体材质相同、颜色相近、风格一致。窗檐常雕刻草木花鸟图案,富于古典美。

1-44◆石桥

烟筒 [iĩ²¹tʰoŋ²¹³]

又称"烟囱"[iĩ²¹tsʰoŋ⁰]，与厨房相连，主要作用是排烟。泰州农村的烟筒，多为砖砌长方形，排走用土灶做饭产生的油烟。

屏风 [pʰiŋ⁴⁵foŋ²¹]

用于室内挡风或阻隔视线的一种家具，有插屏、围屏等，常见于泰州传统民居内。屏风最少为两扇，多的达十几扇，可折叠。旧时房屋大都是土木结构，不似现代水泥结构坚固密实，因此多将屏风置于床前或床两侧，起到分隔、挡风、装饰等作用。

1-46◆府前路

照壁 [tsɔ³³piᵢ³³]

　　又称"屏风墙"[pʰiŋ⁴⁵foŋ²¹tɕʰiaŋ⁴⁵]，是一种独具特色的传统建筑形式。"照壁"通常由砖砌成，正对大门，可在院内，也可在院外，像屏风一样独立，有挡风、遮挡视线、增加私密性的作用。泰州传统建筑的"照壁"一般有刻有吉祥图样的砖雕，中心部位雕刻中心花，庄重古雅，代表了这一地区的审美情趣。

中国语言文化典藏

土路 [tʰu²¹³nu²¹]

常有坑洼，多见于泰州乡村。大人们在田间劳作时，孩子们可聚在土路上嬉戏玩耍。现在的土路逐渐被水泥路取代，老一辈泰州人很怀念以前的乡间土路。

石子儿路 [səʔ⁵tsɿ²¹³a⁰nu²¹]

在路基表面铺设石子的道路。多见于泰州市区内的园林、宅院，两旁有绿色植物点缀。许多居民闲暇时到园林游玩，喜欢赤脚在"石子儿路"上走。

1-47◆海陵北路

1-49◆板桥路

泰州 壹·房屋建筑

43

1-51◆海陵北路

门栓子 [mən²¹su̍²¹tsɛ⁰]

门关上后，插在门内使门推不开的木质或铁质插栓。泰州传统建筑多使用木质"门栓子"，现代建筑已不常用。

火道 [xɤɯ²¹³tɔ³³]

又称"火巷"，为防止火灾蔓延预留的巷道。一般设于建筑物后方或侧方，供逃生、救火、疏散物资之用，旧时还供妇女、用人出入。"火道"始于宋代，作为比"街"低一级的道路，至今仍见于泰州地名，如泰州海陵区的东火巷、泰兴的黄桥火巷等。

1-50◆溱潼古镇

中国语言文化典藏

1-52 ◆长生

猪圈 [tsu²¹tɕʰyɤ²¹]

养猪的场所，一般有棚和栏。过去泰州农民会在自家院里搭设猪圈，养几头猪供自家食用或售卖。近年来，随着环保标准日趋严格，养猪的农户逐渐减少，猪圈也越来越少见。

茅缸 [mɔ⁴⁵kaŋ²¹]

旧时称泰州农村的厕所为"茅缸"。多用四堵墙或茅草围成，也有房屋式的，里面有一个或数个茅坑。泰州市政府积极推进农村改厕工作，改善了泰州农村卫生环境。

1-53 ◆长生

1-54 ◆长生

鸡窠 [tɕi²¹kʰu²¹]

圈养鸡的地方，一般靠墙搭建。"鸡窠"顶部有棚，多盖以瓦片或茅草；前有围栏，一般为木质，现也有铁质围栏。外有鸡食槽，内放茅草，防止鸡蛋落在地上摔碎。

积子 [tɕiɿʔ³tsɛ⁰]

旧时泰州居民存放粮食的用具。一般用竹篾或芦苇编成，宽约20—30厘米。先在空地上铺垫一层塑料膜，用"积子"围成一圈，再把粮食倒在里面，不仅可以防止粮食受潮，也可以避免粮食散落。

1-56 ◆长生

鸭棚儿 [æʔ³pʰəŋ⁴⁵a⁰]

即鸭棚，养鸭的场所。泰州地区河流沟岔密集，人们枕水而居，鸭棚一般设于屋后、河边，便于放鸭。鸭棚多用砖块、石块垒砌而成，一般有栏杆或小门，防止鸭子逃出。

1-55◆梅兴

粮食柜 [niaŋ⁴⁵səʔ⁵kʰuəi²¹]

储存粮食的柜子。共分三格，上面有活动盖，下面有八只柱脚，能储藏粮食1000斤左右。过去条件比较好的人家，做"粮食柜"很讲究：选用上好的楝木做料，在柜子外面雕刻吉祥图案，再请手艺好的漆匠刷一遍上等油漆，最后用细砂纸反复打磨。随着生活水平的提高，再也没有断粮之虞，不再需要囤粮，"粮食柜"逐渐退出了泰州人的日常生活。

1-57◆石桥

1-58◆黄桥古镇

水井 [suəi²³tɕiŋ²¹³]

能够取水的井。昔日的泰州，随处可见水井。它们多有一个优雅的名称，如镜香井、天僖井、廉贞井、魁罡井、卓锡泉等。泰州水井井栏的材质多样：有火山岩的、麻石的、青石的、白矾石的、大理石的。洞壁有蝴蝶瓦和青砖之分。井砖有小楼砖、大城砖、柳叶形长条砖，还有弧形带榫卯的弯井砖。这些都体现出泰州丰富的水井文化。

凉亭儿子 [niaŋ⁴⁵tʰiŋ⁴⁵a⁰tsɛ⁰]

只有顶面没有四壁的亭子。选材不拘，布设灵活，广泛应用于园林建筑，或设在路旁供行人休息、避雨。泰州名园古迹颇多，造型各异的"凉亭儿子"俯拾皆是，乔园数鱼亭便是其中的代表。

1-60◆迎春东路

深水井 [sən²¹suəi²³tɕiŋ²¹³]

即管井，是指井径较小，井深较大，能够汲取深层地下水的取水设施。深层地下水口感清甜，水质好、无污染。深水井取水较水井更为方便，因此泰州农家基本每户都有。

1-59 ◆长生

碑亭 [pəi²¹tʰiŋ⁴⁵]

为保护石碑而建的亭子，防止石碑因日晒雨淋而风化破损，多见于景观园林之中。泰州现存"税碑亭"，亭顶铺琉璃瓦，檐下悬挂"税亭春晓"匾额，亭中树"税务告示"碑。

1-61 ◆泰山公园

牌坊 [pʰɛ⁴⁵faŋ²¹]

形状像牌楼的构筑物。有衙署牌坊、"功德牌坊" [koŋ²¹təʔ³pʰɛ⁴⁵faŋ²¹]、"状元牌坊" [tsuaŋ³³yõ⁰pʰɛ⁴⁵faŋ²¹]、贞节牌坊等。泰州大部分牌坊建于明代，具有较高的文史和艺术价值。

状元牌坊 [tsuaŋ³³yõ⁰pʰɛ⁴⁵faŋ²¹]

表彰科举成就的牌坊，多为家族光宗耀祖之用。史载泰州大宁桥河西有状元牌坊，为宋代王俊乂所建。今兴化状元巷头有"状元坊"牌坊，单门双柱，跨街而立，为明嘉靖年间李春芳所建。

石臼 [səʔ⁵tɕiɤɯ²¹]

　　用石头凿成的舂米、谷等物的器具。泰
州人的主食是大米，过去用石臼舂米，去稻
壳，1958 年后逐步被加工机械取代。

功德牌坊 [koŋ²¹təʔ³pʰɛ⁴⁵faŋ²¹]

　　旧时为表彰功勋、科第、德政以及忠孝节义所立的纪念性构筑物。

磨子 [mu²¹tsɛ⁰]

分为手推的小磨和人力、畜力牵引的大磨。小磨制作的小磨麻油，是泰州著名的特产。大磨多用于磨坊，小磨坊用毛驴拉磨，规模稍大的磨坊则用黄牛。

油坊 [iɤɯ⁴⁵faŋ²¹]

泰州口岸地区盛产黄豆、花生、菜籽等油料作物，曾建有数十家油坊、油行。旧时油坊榨油，靠打油师傅手工操作，由身强体壮的男子双手挥动大锤，不停捶打楔形木栓而成。因生产效率较低，新中国成立后多被机器替代，效率和产量大大提高。

桥 [tɕʰiɔ⁴⁵]

　　泰州自古河道纵横，有平桥、单拱桥、多拱桥、梁式桥、板桥、吊桥等造型各异的桥。桥栏多为砖石、竹木。桥旁可立碑，记述修桥的缘起、捐助者的姓名等。泰州历史悠久的桥有很多，如伏龙桥、甯汤桥、乐真桥、十胜桥、孙家桥等。

1-68 ◆稻河古街区

1-69◆梅兴

独木桥 [tɔʔ³mɔʔ³tɕʰiɔ⁴⁵]

简易的供人通行的桥，通常用一根木头搭成。独木桥是旧时泰州人简易的通行设施，现在多被石桥、混凝土桥取代，尚有少量存在于农村地区和游乐场。

板桥 [pɛ̃²¹³tɕʰiɔ⁴⁵]

用木板或石板铺成的桥。兴化东城湾有古板桥，原为简易木板桥，后改由长条石重建，桥头立有碑石，上有"古板桥"三字阴文，传说为郑燮题写。

1-70◆鹿庄

拱桥 [kɔŋ²¹³tɕʰiɔ⁴⁵]

旧时泰州拱桥颇多，有高桥、清化桥、登仙桥等，后重建时多改为平桥。现存拱桥有孙家桥、破桥等，其中孙家桥为石拱桥，破桥为钢筋混凝土双曲拱桥。小西湖、乔园等景点中也存有拱桥。

1-71◆迎春东路

望海楼 $[uaŋ^{33}xɛ^{213}nɤɯ^{45}]$

　　望海楼坐落于凤城河畔，被誉为"江淮第一楼"。始建于南宋绍定二年，后屡毁屡建。现存楼体于 2006 年在旧址重修，取宋代建筑样式营造。重檐歇山顶，盖黑褐色琉璃瓦，外观饰以典型的宋式红、黄、白彩绘，具有古朴典雅之美。

1-72◆望海楼景区

1-73 ◆迎春东路

梅兰芳纪念馆 [məi⁴⁵nẽ⁴⁵faŋ²¹tɕi³³niĩ³³kũ²¹³]

在原泰州梅兰芳史料陈列馆和泰州梅兰芳公园的基础上合并建造而成，是梅兰芳祖辈的故居。馆内藏有梅兰芳当年使用的练功镜、家具等文物。馆内陈设以梅兰芳生平、京剧为主题，地砖、护栏上均绘有梅花图案，路灯的造型也是梅花状。馆中多植梅花、兰花，以纪念梅兰芳。

乔园 [tɕʰiɔ⁴⁵yũ⁴⁵]

即日涉园，地处泰州市海陵区，是苏北地区现存最早的古典园林，全国重点文物保护单位。原为明代万历年间修建的私家园林，后归两淮盐运使乔松年所有，遂称"乔园"。乔园以山响草堂为中心，分前后两园。园中注重花木配置，多植乔木，被称为"淮左第一园"。

崇儒祠 [tsʰoŋ⁴⁵zu⁴⁵tsʰ͡ɿ⁴⁵]

崇儒祠是祭祀明代泰州学派创始人王艮的专祠,位于泰州五一路西段古光孝寺西侧。明万历四年,由泰州各界人士捐资建成。后经修缮,现门厅面阔三间,青砖小瓦,两侧加砌八

中国语言文化典藏

字墙。崇儒祠采用明代样式的承柱奠基石,屋内木构件保留明代建筑风格。祠堂门前开阔宽敞,
朴素庄严,是今天泰州人崇祀先贤,传承泰州优秀文化传统的重要场所。

王氏宗祠 [uaŋ⁴⁵sʅ³³tsoŋ²¹tsʰʅ⁴⁵]

由泰州学派巨擘王艮集族人力量所建，既是王氏族人祭祠祖先的场所，又是明清泰州学派重要的讲学场所。现今主体建筑基本保存完好，包括门厅、寻乐堂、祖堂、一庵公祠、节孝祠、厨房、耳房等，祖堂、寻乐堂屋脊皆有鸱吻装饰。民间传说鸱吻是龙的第九子，好吞火，故泰州民间以此装饰房屋来祈求远离火灾。宗祠的所有建筑均为砖木结构，古拙大方。

上池斋药店 [saŋ³³tsʰʅ⁴⁵tsɛ²¹iaʔ⁵tiĩ³³]

泰州兴化第一家规模较大的药店，其名源于《史记·扁鹊传》中"饮是以上池之水，三十日当知物矣"。药店坐南朝北，前后两进，前部为店堂，后部为作坊，西侧有弧形防火墙和龙脊形状的雕花围墙。面北大门上镶有口含灵芝的神鹿雕塑，嵌"上池斋"砖雕门额。店堂屋面样式为木结构硬山顶，内部陈设仍保持古色古香的原貌，与其相连的制药作坊为明式建筑。

1-77 ◆牌楼东路

盖瓦 [kɛ³³ua²¹³]

在房顶上铺盖瓦片。泰州民间在盖瓦前需让屋架充分照晒阳光，以图吉利。屋面材料主要为瓦或草，传统民居大多为小青瓦屋面。泰州地区只有在檐口铺瓦时，瓦和瓦之间才带泥，其余瓦之间直接叠压，不带泥，当地称为"干擦瓦"。

1-79 ◆迎春东路

奠基 [tiɪ̃³³tɕi²¹]

建房基础步骤，包括挖地槽、打夯、平磉三部分。泰州民间奠基有很多讲究：需择定吉日，多为农历双日；宅基地势上要求前低后高，忌前高后低或两头高中间低。

中国语言文化典藏

砌墙 [tɕʰi³³tɕʰiaŋ⁴⁵]

把砖石一层层垒成墙。一般先挖墙脚槽，夯实槽底。泰州民间会放财物于墙脚槽内以图吉利。一般要求后进房比前进房高六寸或一尺六寸，寓意"六六大顺""步步高"。现今建房尺寸扩大，但大多还带个"六"字。旧时泰州农户房屋多是前后两进，前排三间草房，后进为五架梁瓦房或"砖包草"房，即墙基以砖砌，上部墙面中心用土坯，外部用砖砌。

泰州　壹·房屋建筑

　　泰州自南唐建州，至今已有千余年历史，一些传统的日常用具流传至今，如"甑子"[tsəŋ³³tsɛ⁰]、"锅膛"[ku²¹tʰaŋ⁴⁵]、"汤罐"[tʰaŋ²¹kõ³³]等厨具，"水量子"[suəi²¹³niaŋ³³tsɛ⁰]、"搭笊儿子"[tæʔ³tsɔ²¹³a⁰tsɛ⁰]、"水铫儿"[suəi²¹³tʰiɔ²¹a⁰]、"铜壶"[tʰoŋ⁴⁵xu⁴⁵]、"蒲扇"[pʰu⁴⁵ɕiĩ³³]、"汤焐子"[tʰaŋ²¹vu³³tsɛ⁰]等生活用品，以及"花床"[xua²¹tsʰuaŋ⁴⁵]、"杌子"[vəʔ⁵tsɛ⁰]、"爬爬凳儿子"[pʰa⁴⁵pʰa⁰təŋ³³a⁰tsɛ⁰]等家具。其中，"甑子"是泰州居民蒸制糕点的炊具，早在《后汉书》就有"甑尘釜鱼"的典故。《庄子》记载："剖之（葫芦）以为瓢"，在泰州地区仍然常见，称为"水舀子"。"杌子"则是泰州随处可见的坐具，其历史可以追溯到宋代。由此可见，这么多传统日常用具在泰州都得以保留，展示了传统文化的独特魅力。

　　泰州为传统水乡，河湖纵横，林木茂密。靖江被称为"淡竹之乡"，泰兴以银杏闻名。当地居民就地取材，日常用具多以竹、木为材料，如"窠儿子"[kʰu²¹a⁰tsɛ⁰]、"筈帚"[tʰiɔ⁴⁵sɔ⁰]、"竹篮子"[tsɔʔ³nɛ̃⁴⁵tsɛ⁰]、"淘箩儿子"[tʰɔ⁴⁵nu²¹³a⁰tsɛ⁰] 等，具有鲜明的地方特色。

　　近年来，随着科技发展，以新材料、新科技制成的日常用具走进了泰州居民的生活，旧式日常用具逐渐式微。高压锅、电磁炉、微波炉等，以轻便耐用等优势取代了传统炊具。随着空调的普及，人们使用扇子、"汤焐子"的机会越来越少，这种传统的调节冷热的方式正在退出现代生活。"绷子床"[pəŋ²¹tsɛ⁰tsʰuaŋ⁴⁵]、"窠儿子"也多被现代床铺取代。城市的演变速度明显快于农村，许多传统日常用具已经在城市里消失不见，但依旧保留在农村居民的生活中。

2-2◆石桥

灶台子 [tsɔ³³tʰɛ⁴⁵tsɛ⁰]

2-1◆鹿庄

即灶台，也称"灶面"[tsɔ³³miĩ²¹]。通常为长方形或扇形，一边靠墙。台面铺设瓷砖，整洁干净，便于清洗。灶台一般有两口锅，一口烧饭，一口炒菜。两口锅之间，还有一个小灶洞，上面可放水罐，利用烧火时的余热烧水。

灶 [tsɔ³³]

生火做饭的炊具。多以砖砌成，表面刷石灰，灶台铺瓷砖。上端与烟囱相连，通向屋外。灶上通常有两个并排的灶洞，用来放置铁锅。两个灶膛之间有可抽卸的隔板，当只有一个灶膛烧火时，装上隔板，防止热量损失。泰州农村地区仍在使用灶。

2-4 ◆石桥

2-3 ◆石桥

风箱 [foŋ²¹ɕiaŋ²¹]

厨房中使用的鼓风用具，由木箱、活塞、拉杆组成。整体外形为一个矩形木箱，箱内用一个隔板分为两层：一层装有活塞，活塞与拉杆相连；另一层是风道。使用时，推动拉杆，压缩空气产生气流，使火烧旺。风箱一般装在灶膛的侧面，现在大多已被淘汰。

锅膛 [ku²¹tʰaŋ⁴⁵]

即灶膛，柴火、木炭等燃料预热、燃烧的地方。作用是使燃料充分燃烧，提高温度，增强热量传递。通常一个灶设两个"锅膛"，中间会专门设置一个小洞，用来放火柴等小物件。

汤罐 [tʰaŋ²¹kõ³³]

用来烧水的器具。用生铁铸成，呈圆筒状，底部类似于锅底，直径比碗口大，高30厘米左右。通常置于灶台上两个大锅之间，在灶和烟囱之间的烟道处。有的人家把"汤罐"埋在灶上（见图2-5），上覆铁质锅盖。烧火做饭时可利用余热烧水，节约能源。泰州农村多用"汤罐"水来洗脸、刷牙。

2-5 ◆鹿庄

2-7 ◆海陵北路

2-9 ◆黄桥古镇

尺二锅 [tsʰəʔ³aˀ⁰ku²¹]

锅口直径为一尺二的铁锅。带有铁柄，形状像勺子，用于炒菜。这种锅不能放在泰州农村传统的灶上，而多放在煤气灶、"沼气灶" [tsɔ²¹³tɕʰi³³tsɔ³³] 等上。便于翻炒和移动，不用的时候可以收起来，是现在泰州家庭中常见的炊具。

砂锅 [sa²¹ku²¹]

又称"焖罐" [mən³³kŭ³³]，用陶土和沙烧制而成的锅。砂锅传热均匀，导热和散热较慢，适用于炖、焖、煨、焙等烹调方法，适合焖菜、煨汤。但它不耐温差变化，容易炸裂，寿命比较短。

铁锅子 [tʰiɿʔ³ku²¹tsɛ⁰]

用来炒菜的尖圆底铁锅，是泰州民间使用的传统厨具，有生铁锅和熟铁锅之分。农村灶上放置的大锅多为生铁铸成，比较笨重，容易生锈，因此不能盛菜汤过夜。

钢中锅儿 [kaŋ²¹tsoŋ²¹ku²¹aˀ⁰]

即铝锅。"钢中"是铝的俗称，泰州民间指生活用具使用的铝材料。"钢中锅儿"轻便、易热、不易生锈。在电饭锅出现前，是主要的煮饭炊具。

2-6 ◆长生

2-8 ◆永泰路

2-10 ◆石桥

2-11 ◆海陵北路

搪瓷锅子 [tʰaŋ⁴⁵tsʰʅ⁴⁵ku²¹tsɛ⁰]

　　用搪瓷制成的锅。以薄钢、铁为坯，外罩瓷釉，高温烧制而成。锅底采用黑色瓷釉，吸热快，保温性能好。这种锅外表美观、光洁卫生、易清洗、耐腐蚀、耐磕碰、耐高温。近年来，在泰州城镇居民家中越来越普及。

蒸锅 [tsən²¹ku²¹]

　　现代家庭常用炊具。用不锈钢加工而成，有单层和双层之分，容量大，易清洗。使用时应将锅盖盖严，锅底加水，避免干烧。蒸锅内有放食物的箅子，适合烹饪馒头、花卷等发酵类面食。

甑子 [tsən³³tsɛ⁰]

　　用来蒸米饭、馒头、糕点等的炊具。圆筒状，外形像一个大木桶，传统多为木质的，现在也有铁质的。上面有盖子，底部有透气的孔格，整个放在灶上蒸。容量大，饭店较常用，普通人家逢年过节、婚丧嫁娶时使用。"甑子"是一种古老的炊具，成语"甑尘釜鱼"中的"甑"指的就是这种炊具。

铲子 [tsʰɛ̃²¹³tsɛ⁰]

　　厨房常见的烹饪辅助器具。烹制菜肴时用于搅拌和装盘。

2-12 ◆石桥

2-13 ◆石桥

2-14◆石桥

火剪 [xu²³tɕiĩ²¹³]

泰州农村地区烧火时使用的工具。用铁制成,形状似一把大剪刀,但比一般剪刀长,约半米。用于夹煤或炭,是向炉灶里添煤炭的必备工具。

吊桶 [tio³³tʰoŋ²¹³]

用来从井里汲水的桶。旧时多为木质的,比水桶小,上有提梁,梁上栓绳,以便提吊。现在也有更轻巧的铁皮桶、塑料桶等。

2-15◆黄桥古镇

烧火棍 [so²¹xu²¹³kuən³³]

泰州农村地区的烧火工具。烧火时,将其伸进灶膛内,翻搅木炭或柴火,使火烧得更旺。一般用不易燃的木材或金属材料制成,前端呈"丫"形。一些烧火棍后端有一个小圆环,可以将其挂在墙上,便于收纳。

水量子 [suəi²¹³niaŋ³³tsɛ⁰]

用来盛水、挑水的桶。传统的水桶多为木质的,上有提梁,桶身围一圈铁箍,现已不常见,逐渐被塑料、金属等其他材料取代。旧时泰州没有自来水,需从井里、河里取水,用水桶提回家。

2-18◆石桥

2-17◆黄桥古镇

2-16◆黄桥古镇

2-19◆石桥

灰扒子 [xuəi²¹pʰa⁴⁵tsɛ⁰]

泰州农村地区烧火时使用的工具。一般用不易燃的木材制成。主体是一根较粗的木棒，前端做成铲子状，用来清除灶膛中的灰烬。

水瓢儿 [suəi²¹³pʰiɔ⁴⁵a⁰]

又叫"水舀子"，泰州农村从水缸中取水的工具。旧时用葫芦制成，将葫芦从中间纵向剖开，有时只切掉葫芦的一部分，洗净葫芦瓢，晾晒风干后使用。现在的"水瓢儿"多为金属或塑料所制。

搭笊儿子 [tæʔ³tsɔ²¹³a⁰tsɛ⁰]

即笊篱，用金属丝、竹篾、柳条等制成的勺形滤器。前端呈网状，用来捞取食物，如面条、饺子等，是泰州居民家中常备的炊具。

2-21◆石桥

洗锅掸儿子 [ɕi²¹³ku²¹tɛ̃²¹³a⁰tsɛ⁰]

又称"洗锅把儿子"[ɕi²¹³ku²¹pa²¹³a⁰tsɛ⁰]，刷洗锅碗瓢盆的用具。通常用脱了粒的高粱穗、黍子穗等扎成，也有用竹条、塑料等制成的，长约一尺。旧时泰州百姓还用晒干的丝瓜瓤洗锅。

2-20◆海陵北路

2-23 ◆南通路

2-24 ◆南通路

臼 [tɕʰiɤɯ²¹]

捣物用的工具。用木头、石头等制成，中间凹陷。肚子大，底小，常用来捣蒜、花椒、辣椒等调味品。使用时，放入食材，用杵捣碎。

杵 [tsʰu²¹³]

一头粗一头细的圆棒，常用木头、石头等材料做成。表面光滑，手握的一端较细，便于手持；另一端较粗，受力面大。一般和臼配套使用，用来捣蒜、辣椒等调味品。

模子 [mu⁴⁵tsɛ⁰]

用来制作糕点等面食的工具，多为长方形。上面有凹槽，将和好的面团等填进去，放入烤箱，制成糕点。有的"模子"上刻有图案或"福、禄、寿、喜"等字样，让做出来的糕点更加精美。

2-26 ◆长生

2-22 ◆坡子街

瓷碗 [tsʰŋ̍⁴⁵ũ²¹³]

盛饮食的器具，用高岭土等烧制而成，多为白色。质地细腻、光滑，圆形敞口，口大底小。瓷碗上的贴花种类繁多，有福禄寿、花鸟鱼虫等图案。兴化市的薄胎瓷刻碗，在薄如蝉翼的内碗壁上刻字，工艺精湛，深受人们喜爱。

2-27 ◆石桥

高脚碗 [kɔ²¹tɕiaʔ³ʊ̃²¹³]

泰州地区常用的餐具。高脚碗的碗底有托，碗沿外翻，隔热效果好，端碗吃饭时不会烫手。

铜碗 [tʰoŋ⁴⁵ʊ̃²¹³]

用铜做成的碗。一般不用作日常餐具，只在祭祀时使用，用来盛放贡品。常见于泰州乡村的祠堂。

2-28 ◆板桥路

舂碓 [tsʰoŋ²¹ty³³]

舂米用具。过去泰州人在腊月舂米，过年有"磕粉面"[kʰʊʔ⁵fəŋ²¹³miĩ²¹]的习俗。把晾干的稻米放入石臼，利用杠杆原理，用脚踩木杠的一端，另一端在石臼中不断起落，循环往复，直至石臼中的米碾成粉。粉面晾干后保存，用来做元宵、米团和年糕等。舂米人可以手扶木板，起到省力的作用。

2-30 ◆长生

筷筒子 [kʰuɛ³³tʰoŋ²¹³tsɛ⁰]

盛放筷子的器具。一般钉在墙上，置于通风处。可用塑料、不锈钢、陶瓷、竹木等材料制成。在泰州农村地区，竹木"筷筒子"最常见。

碗橱儿子 [ũ²¹³tsʰu⁴⁵a⁰tsɛ⁰]

存放餐具的橱柜，主要放置碗、碟、盆等。下半部分有"暗仓"，有的有抽屉。过去泰州地区"碗橱儿子"多为木质，现在材料和式样越来越多。

2-29 ◆海陵北路

2-31 ◆石桥

煤炭炉子 [mi⁴⁵tʰɛ̃³³nu⁴⁵tsɛ⁰]

用铁做成的炉具，以蜂窝煤和煤饼为燃料，主要用于做饭烧水等。炉体下端有孔，用于通风；上方有提手，便于移动。在空调等现代化取暖设备出现之前，"煤炭炉子"也可用作冬天的取暖设备，现已逐渐被淘汰。

2-33◆永泰路

2-34◆石桥

高压锅 [kɔ²¹æʔ³ku²¹]

又叫"压力锅" [æʔ³niɪ³ku²¹]，利用高压提高液体的沸点，以加快炖煮食物的效率，具有省时、节能等优点。常用于炖煮难熟的食物，如牛肉、猪蹄等。

水铫儿 [suəi²¹³tʰiɔ²¹a⁰]

烧水的壶，旧时多为铜、锡制品，今多为铝制品。有提手，上有壶盖，侧有壶嘴。旧时泰州人把"水铫儿"挂在"锅膛"上方，利用蹿出来的火焰烧水，可节约柴草。

沼气灶 [tsɔ²¹³tɕʰi³³tsɔ³³]

以沼气为燃料的灶具。由灶架、火盘、沼气阀、打火器等构成。沼气是一种优质的气体燃料，农作物的秸秆、牲畜的粪便等都是生成沼气的原料。沼气灶既能解决泰州农村地区的燃料问题，又能减少直接燃烧秸秆产生的空气污染。

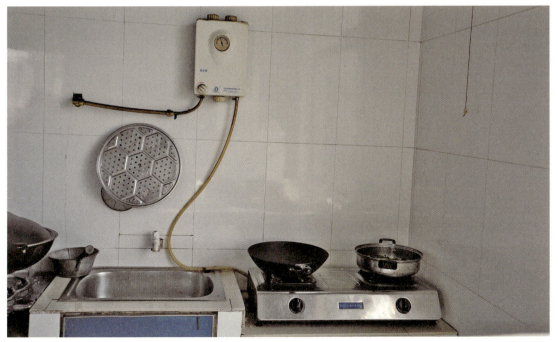

2-32◆石桥

2-35 ◆黄桥古镇

烀笠儿子 [xu²¹ni²¹a⁰tsɛ⁰]

蒸食物用的箅子，过去用竹篾编成，现在多为金属的。通常将"烀笠儿子"置于锅中，上面放置馒头、糕点等，下面放水烧开，蒸气通过"烀笠儿子"的孔传到上方，可蒸熟食物、加热饭菜。

2-37 ◆石桥

厨刀 [tsʰu⁴⁵tɔ²¹]

用于切菜、肉等食材，是每个家庭必备的厨房用具。由刀身和刀柄两部分组成。刀身大多为不锈钢材质，平直厚实，刀刃平薄锋利。刀柄有不锈钢、木头、塑料等材质。

2-36 ◆黄桥古镇

蒸笼 [tsəŋ²¹noŋ⁴⁵]

用于蒸馒头、包子等食物，多为圆形，有盖。以前的蒸笼多用竹篾、木片等编制而成，现在多是合金的。有些蒸笼侧边有手柄，方便移动，防止烫手。蒸笼一般不止一层，两层以上时要做到层与层之间严丝合缝、不漏气。

中国语言文化典藏

2-38 ◆华庄

砧板 [tsən²¹pɛ̃²¹³]

又叫"菜板"[tsʰɛ³³pɛ̃²¹³]，切、剁、捶、砸食材时，垫在底下的器物。有木头、竹子、塑料和钢化玻璃等多种材质。泰州地区常见木质和竹质砧板。

2-39 ◆长生

刀架子 [tɔ²¹ka³³tsɛ⁰]

用来放置各种厨具的架子。多置于通风处，以保证厨具干燥清洁，减少细菌滋生。旧时泰州地区的"刀架子"比较简单，一般在靠墙处，用两根绳子固定木板，木板中间留有一定的空隙，以便插入厨具。

食品罩子 [sɑʔ⁵pʰiŋ²¹³tsɔ³³tsɛ⁰]

用来罩住饭菜碗碟等的罩子，上有小孔，透气性好。过去一般用竹篾编制，现在市面上常见塑料罩子。泰州居民使用"食品罩子"，主要是防止灰尘落入、苍蝇乱飞、猫鼠偷吃等。

2-40 ◆石桥

铜壶 [tʰoŋ⁴⁵xu⁴⁵]

铜质的器皿，既是酒器，也是盛水器。根据材质，铜壶可分为紫铜壶、黄铜壶、白铜壶。其中，紫铜壶质量最好，铜含量更高、更纯，更易于保养。泰州传统铜壶一般由铜匠手工打造。现在，铜匠这个老行当已成为夕阳产业，铜壶等铜制品大多在机器流水线上生产。

2-41 ◆板桥路

2-42◆黄桥古镇

酒杯儿 [tɕiɤɯ²¹³pəi²¹a⁰]

用来盛酒、饮酒的杯子。根据盛装的酒类不同，分为白酒杯、啤酒杯、葡萄酒杯等；按杯子的质地不同，分为陶瓷酒杯、玻璃酒杯、塑料酒杯等。

筷子 [kʰuɛ³³tsɛ⁰]

夹取食物或其他东西的细长条棍，有竹、木、金属、骨、瓷、塑料等材质。现代泰州家庭、餐馆使用的筷子，一般平头方柄，筷尖处呈圆柱形，既可防止筷子在餐桌、碗碟上滚落，也可避免尖头把食物戳碎，影响他人食用。

2-43◆华庄

勺儿子 [saʔ²¹a⁰tsɛ⁰]

也称"调羹"[tʰiɔ⁴⁵kəŋ²¹]。舀东西的用具，可用于搅拌或进食。"勺儿子"的材质主要有陶瓷、不锈钢、塑料、木头等。

2-44◆黄桥古镇

中国语言文化典藏

2-45◆石桥

木板床 [mɔʔ⁵pɛ̃²¹³tsʰuaŋ⁴⁵]

又称"硬板床"[əŋ²¹pɛ̃²¹³tsʰuaŋ⁴⁵]，是由木板拼接而成的床，以前在泰州家庭中很常见。木板床很硬，常睡木板床，可能会出现肌肉疲劳、酸痛等症状，所以应选用硬度合适的床垫。

绷子床 [pəŋ²¹tsɛ⁰tsʰuaŋ⁴⁵]

也称"棕绷床"[tsoŋ²¹pəŋ²¹tsʰuaŋ⁴⁵]，用棕绳在框子上交叉绷成的床。做框的木料，一般选用纹理均匀、纤维密实的荷木。框架三面刨光、不斜不翘，床面以棕绳编织而成。"绷子床"耐用、透气性和弹性好，旧时泰州家庭很常见，现已不多见。

2-46◆永泰路

花床 [xua²¹tsʰuaŋ⁴⁵]

一种老式木床，杉木制作，通体雕花，一般结婚时置办。床檐雕花鸟人物等图案，以示吉祥。有小抽屉，放镜子、梳子等小件。"花床"一般配有蚊帐，蚊帐两侧挂帐钩，睡觉时放下帐钩。溱潼古镇婚俗博物馆中陈列有"花床"（见图2-47）。

竹席子 [tsɔʔ³tɕʰiɿʔ⁵tsɛ⁰]

也称凉席，夏天坐卧时铺的席，用竹篾等编成。竹席子的材料以油竹、水竹居多，按用料不同，可分为青席、黄席和花席。纤维细、质地柔韧的"头青席"，最为凉爽耐用。

2-48◆黄桥古镇

窠儿子 [kʰu²¹a⁰tsɛ⁰]

竹质或木质的婴儿卧具，旧时泰州家庭必备之物，一般供 8 个月以下的小孩子用。在一端底下垫一块木板或砖头，轻轻一碰，就摇晃起来。过去制作的"窠儿子"坚固耐用，能供几代人使用。现在，传统的"窠儿子"已经被婴儿床取代。

2-49◆石桥

2-50◆石桥

草席子 [tsʰɔ²¹³tɕʰiɿʔ⁵tsɛ⁰]

也称"棉席"[miĩ⁴⁵tɕʰiɿʔ⁵]，用高温蒸煮后的草浆，压成细条状编织而成。材质有灯芯草、蒲草、兰草、龙须草等，做工精细，颇受老年人喜爱。如今，市面上的"草席子"已多为机织。

2-53◆南通路

2-54◆南通路

荞麦枕头 [tɕʰiɔ⁴⁵mɔʔ⁵tsən²¹³tʰɤɯ⁰]

　　用荞麦壳做枕芯的枕头。荞麦壳重量轻，不易碎。荞麦枕头冬暖夏凉，可随头部移动而改变形状，对预防颈椎疾病有一定作用。但不宜清洗，须定期在阳光下晾晒。

药枕儿子 [iaʔ⁵tsən²¹³a⁰tsɛ⁰]

　　用中药材做枕芯的枕头。用来充当枕芯的药材有菊花、茶叶、决明子等。民间认为具有一定的保健作用。

麻将席子 [ma⁴⁵tɕiaŋ³³tɕʰiɪʔ⁵tsɛ⁰]

　　由形状酷似麻将的竹片拼接而成的席子。"麻将席子"干爽、清凉、透气，表面光滑，不易卷曲，适合铺在席梦思或软垫上使用。缺点是比较沉，不易搬动，头发容易被夹住。

2-51◆石桥

2-52◆永泰路

枕头 [tsən²¹³tʰɤɯ⁰]

　　由枕芯和枕套构成。传统的枕芯填充物有荞麦壳、灯芯草、蚕沙、蒲绒、野菊花等。如今，海绵枕、乳胶枕等新型枕头逐步进入泰州家庭。

2-55 ◆石桥

八仙桌 [pæʔ³ɕiĩ⁰tsuaʔ³]

每边可坐二人，四边可围坐八人的大方桌，故称"八仙桌"。放在客厅正中，平时为餐桌，有客人来访时，供主客围坐在四周喝茶聊天。

2-56 ◆南通路

圆桌儿子 [yõ⁴⁵tsuaʔ³a⁰tsɛ⁰]

桌面是圆形的桌子，主要做餐桌。多为木制品，也有用玻璃或塑料制成的。传统节日或家庭聚会时使用，寓意一家人团团圆圆。

挂边桌子 [kua³³piĩ²¹tsuaʔ³tsɛ⁰]

四周挂有扇面的桌子，是折叠桌的一种。人少时，可做普通方桌使用；人多时，挂在四边的扇面可以展开，变为"圆桌儿子"，供更多人使用。"挂边桌子"方便实用、节省空间，在泰州地区较常见。

麻将桌子 [ma⁴⁵tɕiaŋ³³tsuaʔ³tsɛ⁰]

旧时泰州居民用来打麻将的正方形桌子。一般高度超过1米，桌面边长约1米。四周各有一个抽屉，用来放置筹码等小件物件。也可当餐桌用。

条案 [tʰiɔ⁴⁵ɛ̃³³]

传统中式家具，置于客厅桌椅后侧。案面为窄长的条形，宽度约为长度的十分之一。条案可摆放花瓶、钟表等工艺品，十分雅致。现多见于泰州名人故居内。

书案 [su²¹ɛ̃³³]

长形书桌。案面平整，供人们阅读、写字，摆放书籍、卷轴或笔墨纸砚等物品。

2-62 ◆石桥

2-64 ◆老街

竹椅子 [tsɔʔ³i²¹³tsɛ⁰]

即竹质椅子，常见于泰州农村院内。竹椅子造型简洁，价格低廉，可当坐具，也可用于临时放置、晾晒物品，尤其适合夏天使用。由于做工较粗糙，竹椅子使用寿命较短，慢慢会松动，负重时发出"咯吱咯吱"的响声。

圈椅 [tɕʰyũ²¹i²¹³]

由靠背和扶手接连形成的半圆形椅子。坐靠时，人的手臂可放在圈形的扶手上，十分舒适。造型古朴，是独具民族特色的椅子样式之一。今多为陈列品，在泰州民居中不常见。

茶几儿子 [tsʰa⁴⁵tɕi²¹³a⁰tsɛ⁰]

摆放在客厅沙发前，放置茶水或小件物品的长方形案几。通常高度较低，有些"茶几儿子"很精美，桌面四角及边缘雕刻细致、打磨圆润，既实用又美观。

2-61 ◆永泰路

2-63 ◆老街

2-65 ◆石桥

藤椅子 [tʰən⁴⁵i²¹³tsɛ⁰]

用藤皮缠扎制成的椅子。藤椅子既透气又有弹性，比竹椅子结实耐用，造型更丰富。现在，泰州老街仍售卖手工编制的藤椅子。

躺椅 [tʰaŋ²³i²¹³]

可供人躺卧休息的椅子。在泰州街道上，经常能看到商店门口放一把躺椅，店主躺在椅子上闭目养神，好不惬意。

太师椅子 [tʰɛ̃³³sɻ²¹i²¹³tsɛ⁰]

即太师椅，一种旧式的比较宽大的椅子，有靠背，带扶手。太师椅是古典家具中唯一用官职命名的椅子，原为官家使用，是权力和地位的象征。在泰州地区，多见于名人故居或望族府邸。

2-66 ◆迎宾东路

2-67 ◆长生

板凳 [pɛ̃²¹³təŋ³³]

又叫 "大凳" [ta²¹təŋ³³]。形状窄长，无靠背，可供两到三人同坐，也可摆放簸箕晾晒粮食。

方凳儿子 [faŋ²¹təŋ³³a⁰tsɛ⁰]

一种方形木头凳子，供一人坐，常与 "圆桌儿子" 搭配使用。比较考究的用红木等名贵木材制成，凳角圆润，饰有雕花。

圆凳儿子 [yõ⁴⁵təŋ³³a⁰tsɛ⁰]

旧时泰州民居中常见的一种凳子，上下圆面，中间有五条弧形支撑腿，形似一面鼓，四周雕饰花纹，古朴美观。"圆凳儿子" 构造稳固，可长久使用。

2-68 ◆鼓楼南路

2-69 ◆南通路

2-70 ◆华庄

2-71 ◆长生

独凳儿子 [tɔʔ³təŋ³³a⁰tsɛ⁰]

比板凳短，仅供一人坐，常见于泰州老街和农村大院内。凳腿由木条连接，更加稳固耐用。

杌子 [vəʔ⁵tsɛ⁰]

没有靠背的木质高脚凳。"杌"成为正式坐具，是在宋代以后。"杌子"造型简洁大方，结实耐用，在泰州随处可见。

爬爬凳儿子 [pʰa⁴⁵pʰa⁰təŋ³³a⁰tsɛ⁰]

又叫"小凳儿子"[ɕiɔ²¹³təŋ³³a⁰tsɛ⁰]。一般为正方形或长方形小矮凳，可供一人使用。体积小，重量轻，携带方便。小孩可扶着这种凳子学习走路。

马扎 [ma²¹³tsæʔ³]

又称"皮凳"[pʰi⁴⁵təŋ³³]。凳腿交叉作为支架，上面绷布条或麻绳等，可以合拢，小巧轻便。老人外出，常随身携带。

2-72 ◆长生

2-73 ◆长生

93

琴凳 [tɕʰiŋ⁴⁵tən³³]

长条形无靠背坐具，可供一至两人坐，因形似古琴而得名。用料讲究，一般选用纹理细腻、质地坚硬的木料，凳面和横档间饰以镂空的花板。"琴凳"也可成对，拼在一起。农家夏日纳凉时，常以此为便榻。

踏板 [tʰiæʔ⁵pɛ̃²¹³]

旧式床前供上下床脚踏的板，有腿，长而宽，高约 20 厘米。可放鞋，旧时也放马桶。坐在床边可搭脚，十分舒适。

2-76 ◆黄桥古镇

拜垫儿 [pɛ³³tʰiĩ³³a⁰]

用香蒲草编制的草垫，直径约 50 厘米，呈圆形扁平状。农村常见用麦秸、稻草或玉米棒子皮编制而成的"拜垫儿"。泰州寺庙、灵堂中使用的"拜垫儿"多为布制品或皮革制品。

2-78 ◆石桥

站桶儿子 [tsɛ̃³³tʰoŋ²¹³a⁰tsɛ⁰]

小孩学习站立时用的木桶，上细下粗，中间有一层屉板，冬天其下可放一个火钵取暖。平时大人忙家务时，也可以把小孩放在"站桶儿子"里，既安全又省事。

婴儿椅子 [iŋ²¹a⁴⁵i²¹³tsɛ⁰]

一种婴儿坐具。下方有脚踏板，前方有护板，可固定婴儿的身体，防止婴儿从座椅上滑落或摔倒。护板上可放置儿童玩具、食物等。

2-77 ◆石桥

2-79◆石桥

瓷盆儿子 [tsʰʅ⁴⁵pʰən⁴⁵a⁰tsɛ⁰]

又称"洗脸盆子"[ɕi²³niɪ̃²¹³pʰən⁴⁵tsɛ⁰]，旧时泰州居民常用的脸盆。内为铁质，表面搪瓷，有花草鸟兽等图案。"瓷盆儿子"不抗摔，一旦磕碰或摔落在地，表面的瓷釉极易脱落。现已逐渐淘汰，被塑料脸盆取代。

2-80◆板桥路

铜盆 [tʰoŋ⁴⁵pʰən⁴⁵]

旧时泰州居民常用的铜质洗脸盆。铜盆与瓷盆形状大小大致相当，但比瓷盆禁摔，不易变形。过去结婚时，铜盆是嫁妆之一，里面装首饰盒、针线盒等，用红布包起来，取"聚宝盆"之意。使用一段时间后，铜盆容易氧化发黑，难以清理。

2-81◆黄桥古镇

洗脸架子 [ɕi²³niɪ̃²¹³ka³³tsɛ⁰]

一种常见的木质家具，专门用于放置洗脸盆、毛巾等，由主立架、盆架、毛巾架组成。兴化郑板桥故居的卧室中，还陈列着郑氏祖传的"洗脸架子"，供游客参观。

2-83 ◆海陵北路

2-84 ◆石桥

脚桶 [tɕia^{23}tʰoŋ^{213}]

洗脚或坐浴用的圆桶,开口宽,底部略收窄。泰州地区传统"脚桶"制作考究,多选用杉木。如今传统的杉木"脚桶"已被塑料桶替代,在泰州人家已不多见。

恭桶 [koŋ^{21}tʰoŋ^{213}]

又称"马桶" [ma^{23}tʰoŋ^{213}],旧时人们便溺的用具。形如"冒"字,顶部一圈突出。按泰州旧时风俗,"恭桶"常为妇女陪嫁品,也叫"子孙桶",代表子孙繁衍兴旺。"恭桶"用料和做工相当讲究,一般选用耐腐蚀、分量轻的杉木制作。桶盖分大小两块,大的覆盖整个桶口,中间有直径约30厘米的圆洞;小的比圆洞略大些,用于盖住圆洞。使用时,只揭开小盖,刷桶时才揭开大盖。

2-82 ◆石桥

洗澡桶 [ɕi^{23}tsɔ^{213}tʰoŋ^{213}]

洗澡用的椭圆形木桶,两端为弧形。多由杉木箍成,现也有塑料制品。洗澡桶承载了许多泰州传统民俗,例如端午节家家烧百草汤,在澡盆里沐浴、擦拭,希望借此辟邪。

2-89◆黄桥古镇

汽油灯 [tɕʰi³³iɤɯ⁴⁵təŋ²¹]

汽油灯主要由三部分组成，上部为灯顶，有一圈上下狭长的气洞，便于散热和空气流通。中部是玻璃灯罩，用以遮挡风雨，灯罩内有灯芯，为石棉制作的耐高温网状物。下部是灯座，盛装煤油，上有加油孔和打气管。汽油灯现已被电灯取代。

扫帚 [sɔ³³sɔ⁰]

扫地、除尘的工具，多用竹枝扎成，比笤帚大。做扫帚的竹枝最好是生长两年以上的老竹，因为扫帚多用于室外，清扫面积较大的场地，容易磨损，经霜历雪的老竹更加耐用。

笤帚 [tʰiɔ⁴⁵sɔ⁰]

扫除尘土、垃圾的用具，多用脱粒的高粱穗制成。过去农民在秋季收获高粱后，把高粱穗留下来，请制作笤帚的手艺人上门加工。随着吸尘器等现代清扫工具的普及，传统高粱穗笤帚在泰州家庭已不多见。

2-86◆黄桥古镇

2-85◆海陵北路

罩儿灯 [tsɔ³³aᵒtəŋ²¹]

以煤油作为燃料的照明工具。多为玻璃材质，外形似葫芦，上面是形如张嘴蛤蟆的灯头。灯头一侧有可以调节灯芯的旋钮，以控制灯的亮度。电灯普及之前，泰州家庭大都使用"罩儿灯"照明。现在虽已退出历史舞台，但"罩儿灯"依然能勾起泰州人的温馨回忆。

2-90◆黄桥古镇

叉衣杆子 [tsʰa²¹i²¹kɛ̃²¹³tsɛᵒ]

一种日常用具，在细竹竿或金属杆的一头装上叉子，用于将悬挂物叉下。因其形似"丫"字，因此又称作"丫杈棒儿子" [a²¹tsʰa²¹pʰaŋ³³aᵒtsɛᵒ]。

竹竿儿 [tsɔʔ³kɛ̃²¹³aᵒ]

晾晒衣服用的竹竿，多用冬竹制成，因其结实，柔韧性好，没有虫蛀。现在，晾衣杆大多已被升降晾衣架取代。

2-88◆海陵北路

2-87◆黄桥古镇

泰州

贰·日常用具

2-91 ◆黄桥古镇

2-93 ◆黄桥古镇

马灯 [ma²¹³təŋ²¹]

一种手提的、能防风雨的煤油灯。"马灯"呈灯塔形,上端有两层铁盖,有空隙,便于出气。中间有玻璃罩,下端有一个封闭的底座,防止漏油。

火炉子 [xu²¹³nu⁴⁵tsɛ⁰]

冬天取暖用,多为铜质,由炉体、炉盖、提梁组成。使用时,炉内盛装粗糠、木屑或荞麦壳之类的易燃火种,上面覆盖从锅膛内铲出的草木灰烬。灰烬的余火引着下层的火种,使"火炉子"长久保持温暖。"火炉子"的器形丰富多样,有圆形、椭圆形、长方形、六角形、八角形、灯笼形等。

折扇 [tɕiĩʔ³ɕiĩ³³]

可以折叠的扇子,用竹木或兽骨做骨架,纸或绢做扇面。泰州市博物馆现藏有"康熙御书折扇"一把,是康熙帝南巡至扬州,召见泰州人俞瀫和俞梅父子时所赐。

芭蕉扇子 [pa²¹tɕiɔ²¹ɕiĩ³³tsɛ⁰]

又叫"蒲扇"[pʰu⁴⁵ɕiĩ³³]、"蒲草扇子"[pʰu⁴⁵tsʰɔ²¹³ɕiĩ³³tsɛ⁰]。用蒲葵叶做成,形状像芭蕉叶。一到夏天,泰州人常常在肩上搭条湿毛巾,来杯清茶,手摇芭蕉扇子,躺在藤椅上,消夏纳凉。

2-95 ◆老街

2-94 ◆海陵北路

灯笼 [təŋ²¹noŋ⁰]

悬挂起来或手提的照明工具，一般用细竹篾或铁丝做骨架，糊上纱或纸，里边点蜡烛。"无影灯笼"是泰州著名特产，以蚕丝或细绳做灯壳，用琼脂涂抹，风干后凝成薄膜，透明无影，还可挡风，使灯笼里的蜡烛不易熄灭。因此有歇后语云："泰州的灯笼——没影子。"

鹅毛扇子 [ɤɯ⁴⁵mɔ⁴⁵ɕiĩ³³tsɛ⁰]

羽扇的一种，有仙桃形、人字形、微弧形、圆月形等。制作工序比较讲究，主要有理毛、出片、缝片、装柄、排扇、装绒等。鹅毛扇子扇出的风轻柔温和，因而受到许多泰州百姓的喜爱。

檀香扇 [tʰɛ̃⁴⁵ɕiaŋ²¹ɕiĩ³³]

用檀香木制成的各式扇子。造型小巧玲珑，扇骨扇边饰有花纹图案，加工工艺主要有拉花、烫花、镶嵌等。檀香扇有天然香味，香气四溢，令人神清气爽。

泰州 　 贰·日常用具

酒缸 [tɕiɤɯ²¹³kaŋ²¹]

    酿酒、贮酒的缸。泰州盛产粮食，酿酒业也十分发达。泰州居民多以高粱、大米等酿酒。酒缸一般放在室内阴凉处，有时置于地下窖藏。

中国语言文化典藏

米坛子 [mi²¹³tʰʊ̃⁴⁵tsɛ⁰]

　　用来装米的坛子，陶土烧制。泰州自古是产粮重镇，泰州人将大米晾干后，装入米坛子，置于干燥通风处存放，防止大米发霉变质。

盐坛子 [iĩ⁴⁵tʰʊ̃⁴⁵tsɛ⁰]

　　用来装盐的陶质广口坛子。坛壁较为厚实，里外两面涂釉，以防止盐卤侵蚀。坛口多加盖，或用盘子、碗充当盖子，防止落灰。现在泰州人多用小巧的玻璃盒或塑料盒盛放食盐，盐坛子逐渐被淘汰。

泰州　｜　贰·日常用具

2-101◆石桥   2-102◆石桥

水缸 [suəi²¹³kaŋ²¹]

　　装水的缸，多以陶制成，置于厨房。昔日家家必备。水缸还是重要的消防用具，泰州有民谚"穷锅门，富水缸"，意为灶门口要少堆柴，水缸要多备水，以预防火灾。

酱缸 [tɕiaŋ³³kaŋ²¹]

　　盛酱的缸。泰州人善于做酱，将蒸煮过的大豆铺在筛子或竹匾里晾晒，自然发酵，再将发过酵的豆粒放入盛有稀释过的盐开水的酱缸中，把酱缸放在院子里，经过一个多月才能制成。酱缸里不能掺进生水，遇雨要及时遮盖。

咸菜缸 [xɛ̃⁴⁵tsʰɛ³³kaŋ²¹]

　　腌制、储藏咸菜的缸。泰州居民将青菜晒蔫晒软后洗净、沥干，抹上食盐排在咸菜缸里，一直堆到缸口，上面压上一块大石头，置于阴凉处封存。腌好的咸菜可做下饭小菜，也可用来炒菜。

2-103◆石桥

2-104 ◆海陵北路

箱子 [ɕiaŋ²¹tsɛ⁰]

方形或长方形的收纳器具，多为木制品，也有用竹枝、柳条、藤条等编制的。可以存放书籍、衣物等生活用品。旧式木箱表面多漆朱漆，正面配有锁件，有的两侧有提手。

2-106 ◆鼓楼南路

柳条箱子 [⁰niɔ²¹³tʰiɔ⁴⁵ɕiaŋ²¹tsɛ⁰]

以去皮的柳树枝条编成的箱子，轻巧结实，箱子的角和边沿多用铁条包裹加固。

樟木箱子 [tsaŋ²¹mɔʔ⁵ɕiaŋ²¹tsɛ⁰]

樟木做的箱子。樟木质地细密，纹理细腻，香气浓郁，有防虫防蛀、防霉防潮的作用。因此适于存放毛绒、丝绸、棉麻等高档衣物，或字画、书籍等收藏品。

2-105 ◆石桥

2-107 ◆石桥

三门橱 [sɛ̃²¹mən⁴⁵tsʰu⁴⁵]

有三个橱门的橱子，多用作衣橱。

竹篮子 [tsɔʔ³nɛ̃⁴⁵tsɛ⁰]

泰州产竹，靖江被称为"淡竹之乡"。由于竹子生长周期短，适应能力强，泰州居民多用其编制用具，竹篮子便是其中一种。

柳条篮子 [niɔ²¹³tʰiɔ⁴⁵nɛ̃⁴⁵tsɛ⁰]

以去皮的柳树枝条编成的篮子，具有轻巧结实的特点。

2-108 ◆石桥

2-109 ◆海陵北路

2-111 ◆华庄

淘箩儿子 [tʰɔ⁴⁵nu²¹³a⁰tsɛ⁰]

泰州人淘米的用具。多为竹编，直径三四十厘米，呈半圆球状。上有提手，方便提携。

2-110 ◆石桥

鸡食槽子 [tɕi²¹səʔ⁵tsʰɔ⁴⁵tsɛ⁰]

供鸡吃食的器具，一般有船形、盘形及吊桶形。船形平底食槽常设于栏舍外（见图2-111），让鸡伸出头来啄食、饮水。现泰州部分养鸡专业户为了避免群鸡争食时引起的饲料飞溅和食物浪费现象，多采用吊桶形"鸡食槽子"，其高度以鸡能自由伸颈为宜。

猪食槽子 [tsu²¹səʔ⁵tsʰɔ⁴⁵tsɛ⁰]

供猪吃食的器具，中间盛放猪食的长方形凹槽，用木板、石料或混凝土制成。旧时养猪是农民的重要经济来源，故泰州不仅有"常端猪食盆，生活不受穷"的谚语，部分农村还保留新娘新婚第三日在婆婆陪同下搅"猪食槽子"的习俗，以祈求生活富足平安。

2-112 ◆石桥

2-113◆梅兰东路

针线篓子 [tsən²¹ɕiĩ³³nɤɯ²¹³tsɛ⁰]

又称"针线匾儿子"[tsən²¹ɕiĩ³³piĩ²¹³a⁰tsɛ⁰]，即盛放针头线脑的器具。浅口竹器，形似面盆，是泰州地区新娘出嫁的陪嫁品之一。出嫁前夕，母亲把针、线、尺、剪和针箍等物放入其中，并贴上大红"囍"字，新婚第二天由嫂嫂送至新房，寓意勤劳节俭、生活富足。

鸡笼儿子 [tɕi²¹noŋ⁴⁵a⁰tsɛ⁰]

一般用木头或竹子制成，前面留门洞和活动门板。白天抽出门板，鸡可自由出入。夜晚插入活动门板，即可关上鸡笼，防止黄鼠狼偷鸡。为了消毒，笼底撒上炉灰。泰州养鸡数量较少的居民一般使用这种鸡笼。

2-114◆石桥

汤焐子 [tʰaŋ²¹vu³³tsɛ⁰]

又称"汤婆子"[tʰaŋ²¹pʰɤuɪ⁴⁵tsɛ⁰]，是一种圆形扁壶，以铜、锡、陶瓷等材质最为常见。寒冬时节，以热水注入其中，用于暖手，也可放在被子里暖脚，是旧时泰州居民常用的冬季取暖器具，现较少使用。

苍蝇拍子 [tsʰaŋ²¹iŋ⁰pʰɔ?³tsɛ⁰]

旧时泰州居民拍打苍蝇的竹器。用宽约1厘米、长约50厘米的竹片，在一头的4—5寸处纵向劈成细篾，均匀分布，再以铁丝或篾丝横向编制定型，充分体现了泰州人民的智慧。现在多换用更为轻便的塑料"苍蝇拍子"。

笔架子 [piɪ?³ka³³tsɛ⁰]

用陶瓷、竹木、金属等制成的搁笔或插笔的架子。"笔架子"有插架式、悬挂式等，悬挂式的为笔挂（见图2-117）。笔挂的座底多以石、金属、质地优良的木头制成，中有柱杆，上端多为横长式，雕刻各种造型，带有横出的木钉，用以挂笔。

2-116◆海陵北路

2-117◆溱潼古镇

泰州

贰·日常用具

洒水壶 [sa²³suəi²¹³xu⁴⁵]

一种浇花工具，通常由贮水容器和莲蓬状出水喷头构成。旧时泰州老人常以水管或其他盛水容器浇灌植物，出水集中，但用量不易控制。洒水壶的莲蓬状出水喷头使出水更为均匀，浇灌覆盖面较大。

2-118◆板桥路

博古架子 [paʔ³kuᵘ²¹³ka³³tsɛ⁰]

室内木质器具，由基座和格架两部分组成，因空格较多，民间又称"多宝格" [tu²¹pɔ²¹³kəʔ³]，兼有陈设和装饰双重作用。"博古架子"大致分为有门式和无门式两种。有门式置于内柱之间，中部辟门，起到分隔空间、连通室内外。无门式通常贴墙而立，只起家具作用。

2-119◆溱潼古镇

石锁 [səʔ⁵sɤɯ²¹³]

体育锻炼的器械，由石头凿成，形状像旧式的挂锁。泰州人爱好"石锁"运动，城隍庙西侧建有石锁广场供市民健身。利用"石锁"进行提拉、抛接、旋转等动作，可以强身健体。2014 年，泰州市民王秉荣，创下蒙眼状态下，成功抛接 80 斤"石锁"13 次的吉尼斯世界纪录。

藤拍子 [tʰən⁴⁵pʰɔʔ³tsɛ⁰]

用藤条编制的拍打棉被等卧具的长柄工具。拍体编成"八吉"图案，在佛家寓意"回环贯彻，一切通明"，有"事事顺，路路通"的好寓意，民间以此装饰各种器物祈求吉祥。泰州一些地方嫁女时会备上一对朱漆"藤拍子"作为嫁妆。

戒尺 [kɛ³³tsʰəʔ³]

旧时教书先生对学生进行体罚时用的木板，又称"戒方"[kɛ³³faŋ²¹]。通常七八寸长，一寸多宽，半寸厚。泰州有俗谚："学生猴子羊，离了先生能爬墙。"通常用来打手心，有时也用于打屁股。

日晷 [zəʔ³kuəi²¹³]

古代一种利用太阳投射的影子来测定时刻的计时用具，由晷盘和晷针组成。过去泰州农村房屋多为土墙，居民利用日晷原理，用石灰在墙上抹出长方形，以竹筷或树枝插在中间，粗略计时。

泰州

贰·日常用具

2-124 ◆溱潼古镇

锣 [nɤɯ⁴⁵]

以铜制成，形状似盘，用锣槌敲打，泰州居民习惯称为"锣"。过去泰州没有专门的报警器，就以锣代之。有火灾时，人们可根据锣声的紧密程度来判断火灾起灭和火势大小，方便及时救火。

2-125 ◆东大街

喊冤鼓 [xɛ̃²¹³yõ²¹ku²¹³]

古代衙门的设施之一，置于各级衙门门口，又称"冤鼓"[yõ²¹ku²¹³]。民间百姓若有冤屈，可击鼓以鸣冤，申请诉讼。使用"喊冤鼓"规矩颇多，首先不可无故喊冤，其次不可诬告，最后不可越级诉讼，若有违反，知县可给予惩处。

2-126 ◆ 溱潼古镇

水龙 [suəi²¹³noŋ⁴⁵]

旧时消防用具。救火时，四人一边，分列"水龙"两头，轮番按压压梁，水则喷射而出。刚开始使用时需用拇指捂住水枪枪口，以增强水压。2008年，泰州溱潼古镇发现一台清代光绪年间从德国进口的铁质人力四轮手压消防"水龙"，当时不少城镇还在用水桶等工具灭火，溱潼已经开始使用较为先进的消防工具了。

令箭筒子 [niŋ³³tɕĩ³³tʰoŋ²¹³tsɛ⁰]

旧时县衙审案用具，上宽下窄，有底座，内部放置令签若干。令签分为红绿两种，罪重事急发红头签，一般情况发绿头签。签筒的大小正好是一斗米的容量，令签的长度为一尺。旧时民间因缺斤短两引发争议到公堂上评理时，县太爷可利用这两样东西作为衡量和评判的依据。

2-127 ◆ 东大街

泰州地处江淮之间，服饰穿戴兼容吴越温婉秀美之韵，如精致绮丽的"对袄儿褂子"[tuəi³³fu²¹ər⁰kua³³tsɛ⁰]、"大小袄儿子"[ta²¹ɕio²¹³fu²¹a⁰tsɛ⁰]，亦有襟江带海的大气朴实之风，如实用保暖的"毛窝儿子"[mɔ⁴⁵ɤɯ²¹a⁰tsɛ⁰]、"棉袄子"[miĩ⁴⁵təŋ³³tsɛ⁰] 等。

泰州人的日常穿着，按季节冷暖，男人夏穿"汗衫儿子"[xɛ̃³³sɛ̃²¹a⁰tsɛ⁰]、"背心儿子"[pəi³³ɕiŋ²¹a⁰tsɛ⁰]；女人穿布衣裙；儿童着"肚兜儿子"[tu²¹³tɤɯ²¹a⁰tsɛ⁰]，有时围上"涎袼儿子"[sɛ̃⁴⁵ka³³a⁰tsɛ⁰] 保证衣物的清洁。冬季一般穿"棉袄子"、棉裤等。民国时期，女装样式增多，有短装衣裙、长装旗袍等。花式品种亦增多，有用花边镶边的，也有刺绣的。一些男士穿中山装或西装。现在，人们追求时尚，衣服款式多样，再也不是"新老大，旧老二，补补缝缝给老三"了。

鞋帽方面，新中国成立前，男人平素多戴瓜皮小帽、穿单鞋。冬季在小帽之外，

中国语言文化典藏

加布制的衬棉风帽，穿蚌壳式棉鞋。妇女在鞋头或鞋帮绣花。雨天穿钉鞋以防滑。之后皮鞋、胶鞋出现，所穿者多为青年机关人员和教师，老年人很少穿。搬运工、车轿夫、卖菜摊贩等从业人员三季都穿蒲鞋或草鞋，冬季穿草编"毛窝儿子"。青年夏季戴草帽，秋冬春季戴呢帽。农村妇女大多扎头巾。新中国成立后，鞋帽花式品种逐渐多样化。现代泰州居民都在市场购买鞋帽厂生产的成品鞋帽。

　　泰州传统首饰丰富多彩，蕴含了深厚的地域文化特色。民国时期，泰州等苏中地区的女子都喜欢戴花，无论老少。富裕家庭的女子通常佩戴首饰，有钗子、簪子、戒指、耳环、手链等。孩子则戴项圈。首饰的质料大都为金或包金的，也有银的。

　　泰州历史上是盐运和粮运的重镇，经济比较发达，绚丽多彩的服饰穿戴，展现了当地经济和文化的繁荣面貌。

3-1◆永泰路

褂子 [kua³³tsɛ⁰]

　　一种传统的中式上衣外套，包括对襟褂、大襟褂等。质地多为粗布，也有丝麻棉毛等。通常男性穿对襟，女性穿大襟。大襟褂一般是左边小襟，右边大襟，扣起来之后，大襟把小襟掩在里面。随着西服等新式服装的引入，"褂子"越来越少见，这个词的意义也逐渐发生变化。现在的"褂子"泛指所有的上衣外套。

棉袄 [miɪ̃⁴⁵ɔ²¹³]

　　又称"棉袄子"。冬季穿的上衣，保暖性好，能够抵御寒冷。通常有三层，最外面一层是面子，中间一层是棉花等保温材料，最里面一层是里子。棉袄的样式极多，尤其是女式棉袄。旧时，从棉袄里棉花的厚薄就可看出家庭经济状况如何。

3-4◆永泰路

3-2 ◆南通路

3-3 ◆永泰路

马褂儿子 [ma²¹³kua³³a⁰tsɛ⁰]

通常为无袖的紧身式短上衣，长仅及脐，直接穿在衣服外面。有对襟、大襟、一字襟、琵琶襟、多纽式等。除多纽式无领外，其余均有立领。一般为黑色、青色、宝蓝色，四周和襟领处镶边。

汗衫儿子 [xɛ̃³³sɛ̃²¹a⁰tsɛ⁰]

泰州人夏季常穿的短上衣。"汗衫儿子"无领，一般是白色的，短袖或无袖，面料主要为针织棉，贴身穿着，轻薄吸汗。

对袄儿褂子 [tuəi³³fu²¹ər⁰kua³³tsɛ⁰]

左右两襟对称的传统中式上衣。多为无领或浅领，衣身上窄下宽。纽扣多为手工打结而成的布纽扣，通常为五对或七对，忌用四对或六对，民间认为"四六不成才"。旧时在青年中比较流行，现已不常见。

3-5 ◆永泰路

3-6◆永泰路

大小袯儿子 [ta²¹ɕiɔ²¹³fu²¹a⁰tsɛ⁰]

又称"拉拉袯儿子"[na²¹na⁰fu²¹a⁰tsɛ⁰]。左右两襟大小不一的传统中式上衣。一般为左襟大、右襟小，左襟盖住右襟。纽扣常为一字扣或葡萄扣，通常为高领，两边开衩，衣长较长，袖子和下摆较宽大，襟及袖口等处镶边。

3-9◆永泰路

单裤子 [tiɛ̃²¹kʰu³³tsɛ⁰]

用单层布料制成的裤子。旧时，分为裤腰和裤腿两部分，裤腰与裤腿颜色不同。现在，裤腰和裤腿一般是同样的颜色。

3-7◆永泰路

3-8◆南通路

开裆裤子 [kʰɛ²¹taŋ²¹kʰu³³tsɛ⁰]

指婴幼儿穿的裆部有开口的裤子，与"瞒裆裤子"相对。婴幼儿无法自理，穿开裆裤比较方便、舒适。考虑到安全、保暖、遮羞等因素，通常小女孩只穿到一岁左右，就换成"瞒裆裤子"。而小男孩的"开裆裤子"可以穿到两三岁，甚至四五岁。

瞒裆裤子 [mũ⁴⁵taŋ²¹kʰu³³tsɛ⁰]

儿童穿的裤子。穿"瞒裆裤子"是成为大孩子的标志，表示能够自己穿裤子、上厕所了。泰州现在也有在"开裆裤子"外面套"瞒裆裤子"的，既保暖安全，又方便舒适。

棉裤 [miĩ⁴⁵kʰu³³]

在两层布中间塞入棉花，缝制而成的裤子。冬天穿，保暖效果好。过去的棉裤裤腰很高，虽保暖挡风，但看起来臃肿、笨拙。现在多用轻薄的鸭绒、太空棉等填充。只有部分上了年纪的老人还穿老式棉裤，年轻人常选择轻薄显瘦的样式。

3-10◆永泰路

3-12◆永泰路

背心儿子 [pəi³³ɕiŋ²¹a⁰tsɛ⁰]

一种无领无袖，贴身穿的内衣。男士一般穿较宽松的背心，女士背心则更加修身。

旗袍 [tɕʰi⁴⁵pʰɔ⁴⁵]

近现代中国妇女的一种长袍，由满族妇女的袍子改制而成。清朝旗袍通体宽大、腰平直、衣长至足。后来吸收了西洋服饰的立体裁剪，旗袍得到改良，形成了现在凸显女性曲线的样式。

直筒裤 [tsʰəʔ⁵tʰoŋ²¹³kʰu³³]

直筒裤的裤脚口与膝盖处一样宽，裤管挺直，多以棉质布、牛仔布面料为宜。

3-11◆永泰路

3-15◆永泰路

3-14◆南通路

3-13◆永泰路

肚兜儿子 [tu²¹³tɤɯ²¹a⁰tsɛ⁰]

又称"兜肚儿子"[tɤɯ²¹tu²¹³a⁰tsɛ⁰]。中国传统服饰中护胸腹的贴身内衣。通常以柔软的布帛做成，多绣有精美的图纹。旧时多为妇女或小孩使用。小孩穿的肚兜上常常绣着老虎和"五毒"（即蝎子、癞蛤蟆、蛇、壁虎、蜈蚣）。民间认为"五毒"谐音"无毒"，寓意驱邪除毒，保佑孩子健康成长。

西装裤头儿子

[ɕi²¹tsuaŋ²¹kʰu³³tʰɤɯ⁴⁵a⁰tsɛ⁰]

外穿短裤。长度一般在膝盖以上，有些"西装裤头儿子"更短，主要在夏天和初秋穿。

围袈儿子 [vəi⁴⁵ka³³a⁰tsɛ⁰]

也称"围裙"[vəi⁴⁵tɕʰyŋ⁰]，一般上端套进脖子，在腰间扎紧。泰州家庭主妇通常在做饭、打扫时穿，以隔离油污和灰尘。

3-16◆永泰路

涎袈儿子 [sɛ̃⁴⁵ka³³a⁰tsɛ⁰]

又称"围嘴儿子" [vəi⁴⁵tsuəi²¹³a⁰tsɛ⁰]，围在小孩子胸前使衣服保持清洁的用品，用布或塑料等制成。旧时，多用绸面衬三四层细布做成十字花瓣或梅花状，绕颈佩于肩际，一瓣湿了，便转过去换另一瓣，使用方便。制作工艺十分精细，上绣色彩艳丽的吉祥图案，是泰州女红的代表之一。

蓑衣 [sɤɯ²¹i²¹]

用草或棕毛制成，是披在身上的防雨工具。蓑衣一般分为上衣、下裙两块，与斗笠配合使用。穿上后，领口和腰间用绳子系上即可，十分方便，是旧时泰州农村常用的一种雨具。

3-18◆黄桥古镇

戏服 [ɕi³³fɔʔ³]

泛指戏曲演员演出时穿的服装。泰州是京剧大师梅兰芳的故乡,京剧艺术兴盛。戏服的种类十分丰富,主要分为蟒、铠、褶、帔、衣五种。材质多为布、绫、绸、缎。少数富裕的戏班使用锦缎、云缎等贵重衣料。

方巾 [faŋ²¹tɕiŋ²¹]

多指丝巾,是一种围在脖子上,用于装饰的纺织品。"方巾"较小,材质细腻顺滑,图案丰富且颜色艳丽。

3-20◆永泰路

125

3-22 ◆老街

棉帽子 [miĩ⁴⁵mɔ²¹tsɛ⁰]

　　冬天戴在头上，起到御寒保暖作用的一种帽子。面料一般为毛皮、长毛绒、棉布等，颜色多为黑色、绿色、褐色等。最常见的款式是雷锋帽，曾是中国人民解放军55式冬常服中的帽子。雷锋帽帽盔两侧有护耳，不用时可以反扣在帽顶，御寒时可以放下来，保护耳朵及下颌。现在只有一些老年人会在寒冬戴雷锋帽御寒。

草帽 [tsʰɔ²¹³mɔ²¹]

　　又称"凉帽" [niaŋ⁴⁵mɔ²¹]，用麦秸制成的圆顶帽子。旧时，泰州农民将麦秆卖到供销社，供销社再统一卖给制作草帽的工厂，制作完成后又批发给供销社，由供销社零售。

虎头帽儿子 [xu²¹³tʰɤɯ⁴⁵mɔ²¹a⁰tsɛ⁰]

　　即虎头帽，以虎头为造型的儿童帽子。刺绣的纹样和用料种类繁多，色彩以红、黄、绿、紫为主，用黑、白、金银线点缀。一般突出老虎炯炯有神的眼睛，耳朵边点缀绒毛。也有在帽边钉上小铃铛做装饰的。虎头帽源于民间的崇虎文化，借虎为儿孙祈福。

3-21 ◆黄桥古镇

3-23 ◆老街

皮帽子 [pʰi⁴⁵mɔ²¹tsɛ⁰]

皮革制的帽子。制作十分讲究,根据不同的款式,工序从十多道到五十多道不等。

斗篷儿子 [tɤɯ²¹³pʰən⁴⁵a⁰tsɛ⁰]

即斗笠,是一种用竹篾或棕皮等编制而成的形似斗的帽子,起遮阳挡雨的作用。"打斗篷" [ta²³tɤɯ²¹³pʰən⁴⁵] 是旧时泰州农家的家庭副业。选用竹篾、油纸等原料,经编织、铺油纸、绞口、上桐油等工序后,一顶轻巧实用的"斗篷儿子"就做成了。

头巾 [tʰɤɯ⁴⁵tɕin²¹]

妇女蒙在头上的纺织物。用黑布、蓝布、绿布或花布等制成,有的边缘用异色布缏边,或用彩色绒锁边。泰州农家妇女在水田里劳动时,头发容易被风吹散,沾上灰尘,因此会包头巾防尘。

泰
州

叁
·
服
饰

3-27 ◆黄桥古镇

3-28 ◆黄桥古镇

走鞋 [tsɤɯ²¹³xɛ⁴⁵]

即单布鞋。旧时泰州人春夏秋季均穿单布鞋，均为手工缝制。不少妇女还会在鞋头或鞋帮绣花。手工布鞋工艺考究，每双鞋的制作都要经过十多道工序。

棉鞋子 [miĩ⁴⁵xɛ⁴⁵tsɛ⁰]

用棉花或动物皮毛做内衬，鞋帮和鞋底之间填充棉花等保温材料的鞋子。过去泰州人冬天多穿蚌壳式"棉鞋子"。

虎头鞋子 [xu²¹³tʰɤɯ⁴⁵xɛ⁴⁵tsɛ⁰]

童鞋的一种，因鞋头呈虎头模样，故称"虎头鞋子"。在幼童"三朝""满月""过周"时，亲友们常送虎头鞋，祈福纳吉。泰州著名的"口岸虎头鞋"已传承四代，有120多年的历史。"口岸虎头鞋"制作考究，工序复杂。上须时，一般在虎口两边各上6根虎须，寓意"六六大顺"。也有在虎口两边各上25根的，一双鞋合100之数，寓意"长命百岁"。

3-29 ◆黄桥古镇

3-30 ◆永泰路

3-31 ◆永泰路

百叶底 [poʔ³iɪʔ⁵ti²¹³]

多层布片整齐叠起来纳成的鞋底，也称"千层底"[tɕiĩ²¹tsʰəŋ⁰ti²¹³]。这种鞋底是把每一层布衬边缘用布条包边后叠配起来，底边光洁美观，不易起毛。旧时一般由家庭妇女纳制。"百叶底"针脚致密，柔软舒适，至今仍受泰州人青睐。

破布底 [pʰɤɯ³³pu³³ti²¹³]

用破布叠成的毛边鞋底。制作"破布底"颇为复杂。首先要拆开旧衣服，去掉布筋，洗净晒干后熨平，一层层地铺在用蒲包裱成的"包范"（按脚的大小剪成的盖板）上，铺 16—22 层，用针线绞连后，再用麻鞋绳钉制。每只鞋底要竖钉 13—15 行，针脚间隔相等，行行笔直。

绣花鞋 [ɕiɤɯ³³xua²¹xɛ⁴⁵]

妇女穿的绣着花的鞋。泰州传统绣花鞋形状多似小船，故又称"船形绣花鞋"。鞋面以绣花为主，色彩鲜艳，花样丰富。"船形绣花鞋"做工精细，是泰州妇女的传统礼鞋。

3-32 ◆永泰路

3-33◆黄桥古镇

搭搭儿子 [tæʔ³tæʔ³aº tsεº]

即拖鞋，又叫"搭鞋儿子"[tæʔ³xɛ⁴⁵aº tsεº]。后半部分无帮。旧时多为木制的，讲究的人会穿皮制的，鞋底钉有铁掌，走在石板路上能发出"踢踏踢踏"的响声。

草鞋 [tsʰɔ²¹³xɛ⁴⁵]

用草或麻编织的有底无帮的鞋。旧时，泰州居民常穿草鞋。一般在鞋底板前后各编一长条，作为脚趾和脚跟的护挡。两侧各有一个耳襻，穿时用系带穿过鞋耳固定在脚上。草鞋轻巧柔软，经济实用，缺点是不耐穿，人称"十里丢"。

小脚儿鞋子 [ɕiɔ²¹³tɕiaʔ³aº xɛ⁴⁵tsεº]

旧时专为缠足女子的小脚设计的鞋。鞋头一般纤瘦尖锐，以衬托脚的纤小。鞋帮上绣各种图案，有的还加缀饰物，外观精美。鞋底内凹，形如弯弓，有的还装有木鞋跟。民国后裹小脚的陋习在当地逐渐废除，"小脚儿鞋子"也被淘汰，如今只有在博物馆才能看到。

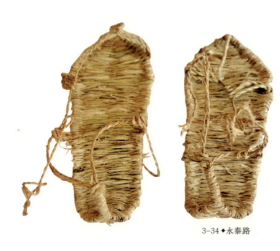

3-34◆永泰路

3-35◆溱潼古镇

三 首饰等

3-36 ◆永泰路

钗子 [tsʰa²¹tsɛ⁰]

又称"簪子"[tsɛ̃²¹tsɛ⁰]。一说纵者为钗，横者为簪。一说一根为簪，两根为钗。簪、钗多制作精美，可镶嵌翡翠、彩色玻璃等装饰物，亦可雕以梅花、小鱼、寿字等图案。

头花 [tʰɤɯ⁴⁵xua²¹]

由簪子发展而来的头饰。自古以来，泰州地区的妇女就有以鲜花簪首的风习。后来由于鲜花容易凋谢，便改戴假花。

泰州

叁·服饰

3-37 ◆永泰路

3-38◆永泰路

头箍 [tʰɤɯ⁴⁵ku²¹]

一种女性头饰，形如弯月，用以拢住披散的头发，兼具实用性和装饰性。泰州老妇人常戴弯弧形带齿的黑色头箍，防止劳作时头发被风吹散。现在年轻女孩佩戴的头箍多不带齿，且更具装饰性。

3-39◆永泰路

红头绳儿子 [xoŋ⁴⁵tʰɤɯ⁴⁵səŋ⁴⁵a⁰tsɛ⁰]

旧时用于扎头发的红色粗棉线，是物质匮乏年代年轻女性头发上的主要装饰物。旧时每逢喜庆之日，泰州女性习惯在头上扎"红头绳儿子"。

项圈 [xaŋ³³tɕʰyŏ²¹]

弧度较大的圆环状项饰。泰州地区较为常见的是银质项圈。项圈一般较细，装饰少，一些讲究的人家会在上面镂上细细的草、叶等图案。

项链 [xaŋ³³niĩ³³]

挂于颈上的链条状饰品，可分为有挂坠和无挂坠两种。泰州地区在定亲时有男方向女方送金器的习俗，其中金项链必不可少。

3-42◆永泰路

3-43◆永泰路

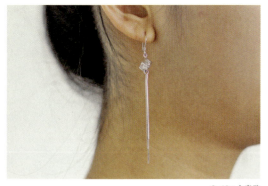

3-40◆永泰路

3-41◆永泰路

耳朵坠儿子 [ər²¹³tɤɯ⁰tsuəi³³a⁰tsɛ⁰]

一种带有环状或垂吊式下垂物的耳饰，泰州部分地区又称"耳坠儿" [ər²¹³tsuəi³³ər⁰]、"耳坠子" [ər²¹³tsuəi³³tsɿ⁰]、"环子" [kʰuɛ⁴⁵tsɿ⁰]。泰州民间认为女孩耳垂越长则福气越大，佩戴"耳朵坠儿子"能拉长耳垂，既美观又蕴含美好愿景。

耳钉儿子 [ər²¹³tiŋ²¹a⁰tsɛ⁰]

一种形如钉状的耳饰。旧时有在腊八节给六七岁女孩扎耳洞的习俗，因年纪较小，故往往佩戴较为轻便的耳钉。泰州部分农村会以茶叶梗代替耳钉插入耳洞。

长命锁 [tsʰaŋ⁴⁵miŋ³³sɤɯ²¹³]

幼儿普遍佩戴的一种颈饰，造型呈古锁状，又称"长命索"。旧时幼儿易夭折，民间认为长命锁寓意锁住生命，一般佩戴至成年。锁身通常两面鼓起，一面是文字，一面是图案。文字多为吉祥语，如"长命百岁"等，也有刻佩戴者名字的。旧时最简单的长命锁为一根红绳坠一古钱，多为贫家孩子所戴。泰州部分地区的长命锁不是戴在脖子上，而是挂在小孩的卧室中。

3-44◆永泰路

镯头 [tsʰuaʔ⁵tʰɤɯ⁴⁵]

即手镯，戴于手腕上的环状饰物。婴儿满月时，泰州地区有外婆家为孩子送上金银手镯的习俗，镯上一般刻有"长命富贵"之类的吉祥话。

3-45◆永泰路

泰州　叁·服饰

3-46◆永泰路

手链子 [sɤɯ²¹³niĩ³³tsɛ⁰]

戴在手腕部位的链状饰品。泰州人在本命年时有挂红的习俗，如穿红内裤、红内衣寓意祛邪护身，也可以将铜钱、元宝、葫芦等形状的饰物用红绳穿挂后系于手上，以祈求吉祥。

3-47◆永泰路

戒指儿子 [kɛ³³tsʅ²¹³a⁰tsɛ⁰]

即戒指。按不同的材质、不同的佩戴方式，戒指被赋予了不同的文化内涵。现在，"戒指儿子"多作为定情或结婚的信物，意为缔结良缘。

脚链子 [tɕiaʔ³niĩ³³tsɛ⁰]

"脚链子"多用红绳编成，或由金银打造。在泰州地区，很多父母会为孩子佩戴银质"脚链子"，以求平安。金质"脚链子"常常作为泰兴人订婚时的"彩礼五金"赠予女方。其他"四金"是：金戒指、金项链、金耳环、金手镯（手链）。

手帕子 [sɤɯ²¹³pʰaʔ³³tsɛ⁰]

既是旧时人们随身携带，用以擦汗、拭泪的生活用品，也是泰州当地表演木偶戏时，木偶人手上常见的道具。

3-48◆永泰路

3-49◆永泰路

3-50◆永泰路

3-51◆永泰路

包 [pɔ²¹]

泰州人常见的生活用品。包的材质多种
多样，有布、皮革等；种类繁多，常见的有
背包、钱包、挎包等。

拎包 [niŋ²¹pɔ²¹]

又称"手提包"[sɤɯ²¹³tʰi⁴⁵pɔ²¹]，是提带
较短的一种包袋。20世纪七八十年代，流
行蓝印花布拎包。泰州方言中"拎包的"有
为人服务、打下手的意思。

蛇皮袋子 [sa⁴⁵pʰi⁴⁵tɐ³³tsɛ⁰]

一种用塑料细长条编织的口袋，因外观
纹理似蛇皮，故称"蛇皮袋子"。容量大且
结实，防潮、防水、耐用，在泰州农村地区
使用率很高，多用以盛装无机化肥、谷物、
棉被等物。

3-52◆黄桥古镇

肆·饮食

　　泰州境内水网密布，湖泊分布较多，形成了独具江南水乡特色的饮食习惯，菜品属淮扬菜，口味清淡，在烹制的过程中完整地保留了食材的天然风味，具有"东南第一佳味，天下之至美"的美称。其中，最负盛名的菜品有泰州干丝、姜堰鱼饼、兴化醉蟹、靖江蟹黄汤包等。为纪念梅兰芳而产生的泰州梅兰宴，由21道以梅兰芳京剧名篇为名的菜品组成，已成为泰州的招牌菜。

　　泰州是我国小麦的重要产区。有"东方威尼斯"之称的泰州兴化，是我国最适合种植小麦的地区之一。以小麦为原料的主食很常见，如面条、包子、馒头等。根据制作工艺，面条可分为"水面"[suəi²¹³miĩ²¹]、"跳面"[tʰiɔ³³miĩ²¹]等。包子有菜包、肉包、小笼包、汤包等。

　　干制品和腌制品是泰州的常见食品，如干黄瓜、腌瓜子、咸鱼、咸肉等。旧时为便于储存，风干和腌制是处理食材的主要方法，现今已成为一种饮食习惯。

　　泰州小吃众多，如"麻饼儿子"[ma⁴⁵piŋ²¹³a⁰tsɛ⁰]，始创于清同治年间，与"麻糕"[ma⁴⁵kɔ²¹]、"香麻油"[ɕiaŋ²¹ma⁴⁵iɤɯ⁴⁵]并称"三麻"，是泰州最著名的特产。泰州地区大年初一清晨有吃云片糕的传统，寓意新年高升。

　　早茶、晚茶是泰州饮食文化的重要组成部分。旧时，人们把早茶称为"皮包水"。一壶上好的清茶，配上一盘烫干丝、一碗鱼汤面，再加上一笼蟹黄包，是当地人必点的"老三样"。晚茶通常在下午四五点至晚饭前，有"油炸臭干"[iɤɯ⁴⁵tsæʔ⁵tsʰɤɯ³³kɛ̃²¹]、煮干子、锅贴等小吃。泰州地区还有酿酒、做豆腐的习俗，有民谚"天天喝口酒，活到九十九""豆腐豆腐，头富头富"，年豆腐做得好，意味着新年开头就有好运气。泰兴地区的"泰兴烧"、兴化地区的"米甜酒"[mi²¹³tʰiĩ⁴⁵tɕiɤɯ²¹³]闻名遐迩。

　　俗话说，一方水土养一方人，地域不同，饮食习惯也不尽相同。泰州丰富的饮食，充分体现了鱼米之乡的富庶。

开花馒头 [kʰɛ²¹xua²¹mõ⁴⁵tʰɤɯ⁴⁵]

馒头的一种，因制作时酵头用得多，碱量大，蒸制时馒头会自然裂开，形似盛开的花朵，故名"开花馒头"。揉面时，加入一些红糖或枣粉，蒸出来的馒头味道香甜可口，在泰州当地广受欢迎。

馒头 [mõ⁴⁵tʰɤɯ⁴⁵]

一种以小麦面粉为原料、经发酵蒸制的食品。面食在泰州人的日常饮食中占很大比例，馒头是泰州人喜爱的主食之一。有"东方威尼斯"之称的泰州兴化，是我国最适合种植小麦的地区之一。兴化小麦麦香浓郁，制作的馒头深受泰州居民的喜爱。

花卷儿子 [xua²¹tɕyõ²¹³a⁰tsɛ⁰]

卷成螺旋状的发面食品，可以做成多种口味，其中以葱油味最为常见。花卷做法简单，是泰州很常见的面点之一。

4-6◆黄桥古镇

八宝饭 [pæʔ³pɔ²¹³fɛ̃²¹]

"八宝饭"主要由糯米、红枣、莲子、桂圆、花生、瓜子、葡萄干、青红蜜饯丝等制成。烹饪时，先取一个较浅的大碗，抹上一层油；然后把莲子、桂圆肉等均匀地铺在碗底；再放入蒸熟的糯米、薏仁米，直到将大碗填平为止；最后用旺火蒸半个小时左右。蒸好后，直接将碗里的饭倒扣在盘子里，有的人家会浇上冰糖汁，有的会点缀几颗蜜樱桃。"八宝饭"以前只有过年过节才能吃到，现在已经不分时节，很常见了。

糯米饭 [nɤɯ²¹mi²¹³fɛ̃²¹]

泰州当地人常吃的主食之一。将糯米和大米混合，蒸熟后与腊肉、咸菜、葱末等拌起来，口感软糯、味道鲜咸。腊月二十三，泰州有"送灶"的习俗，在灶神排位前供一碗嵌了七粒红豆的糯米饭，配上一碟麦芽糖和豆腐，奉神佐饭。"送灶"之后，吃糯米饭。

小米饭 [ɕiɔ²³mi²¹³fɛ̃²¹]

用小米做成的饭，是中国北方的一种粗粮食品。由于营养价值高，在泰州等南方地区也经常食用。

4-4 ◆永泰路

4-5◆永泰路

4-7 ◆永泰路

4-8 ◆永泰路

酸饭 [sũ²¹fɛ̃²¹]

　　即菜饭。泰州当地常见的主食，以大米和青菜为主。菜通常是小青菜、菠菜、白菜、茼蒿等，也有放咸肉的。"酸饭"并不酸，实际上味道很鲜美，有大米和蔬菜的香味，深受泰州人民喜爱。

小米粥 [ɕiɔ²³mi²¹³tsɔʔ³]

　　用小米熬成的粥，一般将小米单独熬煮，有的人家还会放入大枣、红豆、红薯、莲子、百合等。

挂面 [kua³³miĩ²¹]

　　一种速食干面条。用面粉、盐、碱等制成，形状有圆的、扁的、宽的，品种有荞麦挂面、鸡蛋挂面等。

4-11 ◆黄桥古镇

鱼汤面 [y⁴⁵tʰaŋ²¹miĩ²¹]

　　即面条，品种繁多，深受当地人喜爱。做"鱼汤面"的面条很讲究，以人工刀切面为上，又薄又细，鱼汤的鲜味尽浸其中。

4-12 ◆黄桥古镇

4-9 ◆永泰路

4-10 ◆永泰路

绿豆儿粥 [noʔ⁵tʰɤɯ³³ər⁰tsoʔ³]

　　即绿豆粥，用绿豆和大米熬成的粥。绿豆粥清热解暑，是泰州人盛夏时节的必备食品。有的人家还会将绿豆粥冰镇起来，作为冷饮食用。

疙瘩汤 [kəʔ³tiæʔ³tʰaŋ²¹]

　　由面粉做成疙瘩，既能当主食又可做汤羹。先将面粉加水，用筷子搅拌，和成小疙瘩，放入烧开的水中煮熟，加葱、姜、油、盐等作料，还可加蔬菜、鸡蛋等食材。汤通常是清水，也有用鸡汤、鱼汤的。

跳面 [tʰiɔ³³miĩ²¹]

　　把揉好的面放在案板上，用粗竹杠反复挤压，竹杠一端固定在案板上或墙上，另一端坐一个人，上下颠跳，压成薄薄的面皮后，再用刀切成较宽的长条。"跳面"因特殊的制作工艺而得名，粗细均匀，弯曲柔韧似波浪。口感韧而不硬、软而不烂，搭配各种浇头，别有一番风味。

水面 [suəi²¹³miĩ²¹]

　　制作"水面"时，须将揉好的面团用擀面杖擀薄，卷在擀面杖上，擀成面片；然后将面片连续折叠，切成细长条，用手将其抖开；最后撒上些干面粉，防止粘连。

4-14 ◆邑庙街

4-13 ◆邑庙街

泰州

肆·饮食

4-15 ◆邑庙街

烧饼 [sɔ²¹piŋ²¹³]

泰州地区的传统小吃，主要原料为面粉、油、芝麻、盐、酱油等。在发酵好的面团中加入食用油，擀制成饼，撒上芝麻，有的还有馅料。泰州地区烧饼品种多，如水酵饼、薄荷饼、番瓜花饼、茄饼等。

黄桥烧饼 [xuaŋ⁴⁵tɕʰiɔ⁴⁵sɔ²¹piŋ²¹³]

选用泰州黄桥地区特产的小麦精粉，馅和酥分别用猪油和花生油拌面粉擦酥，经过上下捶打，最后刷糖稀，撒芝麻，贴入桶炉烤熟。"黄桥烧饼"得名于"黄桥决战"，色正味香。

4-16 ◆黄桥古镇

中国语言文化典藏

4-17 ◆邑庙街

4-18 ◆黄桥古镇

千层饼 [tɕʰiĩ²¹tsʰəŋ⁴⁵piŋ²¹³]

又叫"馕子饼"[naŋ⁴⁵tsɛ⁰piŋ²¹³]，是泰州的面食之一。表层撒满芝麻，内有十几层，层层分明。烙熟后，外酥里暄，味道香美。"千层饼"一般为圆形，为了方便夹取，一般会分成均匀的四份，呈扇形。

摊饼 [tʰɛ̃²¹piŋ²¹³]

将小麦面和成面糊，锅中倒入少量油，在锅壁上涂匀，再将面糊倒入锅中摊匀。待颜色由白变黄后出锅，依个人口味添加蒜末、韭菜叶、葱花、胡萝卜丝等。

小笼包儿子 [ɕiɔ²¹³noŋ⁴⁵pɔ²¹a⁰tsɛ⁰]

用蒸笼蒸出来的，个头小、皮薄、馅大的包子。一般一笼能蒸4个、6个，最多8个。根据个人口味，佐以姜丝、葱末、香醋、辣椒，味道更佳。小笼包的皮分发面和不发面两种。泰州地区的小笼包，一般是用未发酵过的面做成的。

4-19 ◆邑庙街

水酵饼儿子 [suəi²¹³kɔ³³piŋ²¹³a⁰tsɛ⁰]

泰州特色早点。将发酵好的米糊用勺子舀进平锅，摊成大小、厚度均匀的饼坯，烙熟。根据个人喜好，可夹上油条、火腿肠等。

4-20 ◆黄桥古镇

泰州

肆·饮食

145

4-21 ◆泰州老街

4-22 ◆泰州老街

汤包儿子 [tʰaŋ²¹pɔ²¹a⁰tsɛ⁰]

将面团擀成薄薄的皮,包入馅料后放入蒸笼蒸熟。馅料制作讲究,用鸡肉、猪肉、猪皮、猪骨等熬汤,将熬好的浓汤,冻成胶状,拌到肉、菜馅中。蒸熟的汤包皮薄如纸、晶莹剔透、汤汁饱满,吃的时候要"轻轻提,慢慢移;先开窗,后喝汤"。

蟹黄包儿子 [xɛ²¹xuaŋ⁴⁵pɔ²¹a⁰tsɛ⁰]

泰州最具地方特色的小吃之一。将高筋粉揉捏上劲后,擀成四周薄、中间厚或者薄厚均匀的面皮。用蟹黄和蟹肉做馅,用原味鸡汤或用猪蹄、老母鸡炖成的浓汤做汤汁。捏汤包时,讲究轻、柔、匀,要捏出 32 个褶皱。吃时配上香醋,加点姜丝,味道鲜美。靖江蟹黄汤包是全国六大名包之一,深受人们喜爱。

饺儿子 [tɕiɔ²¹³a⁰tsɛ⁰]

饺皮用面粉制作,馅可荤可素、可甜可咸,荤馅有猪肉、三鲜、虾仁、蟹黄、鱼肉、鸡肉等,素馅有什锦素馅、普通素馅等。每逢冬至、春节,饺子便成为泰州人餐桌上不可缺少的一道佳肴。泰州民歌《二姑娘卖饺子》唱:"二姑娘卖饺儿面皮白,手提花篮去赶集,赶集做生意。"

蒸饺儿子 [tsən²¹tɕiɔ²¹³a⁰tsɛ⁰]

泰州常见点心,蒸熟后不易变形。蒸饺的褶子要捏得很均匀,包好的蒸饺像月牙。吃蒸饺要配醋,可解油腻。秋天的"蟹黄蒸饺"很有名,蘸姜醋吃,味道鲜美。

4-25 ◆泰州老街

4-26 ◆黄桥古镇

4-23 ◆泰州老街

糖包儿子 [tʰaŋ⁴⁵pɔ²¹a⁰tsɛ⁰]

糖包子种类很多，馅有白糖、红糖、桂花糖、豆沙糖、花生糖等，形状有三角的、圆的。"洗沙包"堪称泰州一绝，一口咬下去，细细的豆沙糖顺着缺口流淌出来，入口即化，加上饱满的果仁，口感更好。

4-24 ◆黄桥古镇

烧麦 [sɔ²¹ɱɛ²¹]

也称"烧梅" [sɔ²¹məi⁴⁵]，是以没有发酵过的面为皮、裹馅、上笼蒸制的面食小吃。泰州"烧麦"既是一种大众风味小吃，也是泰州美食文化的代表，曾作为泰州名点入选《江苏名菜大典》和《泰州菜》。

4-27 ◆黄桥古镇

锅贴子 [ku²¹tʰiɪʔ³tsɛ⁰]

在锅或铛上加少量的油和水煎熟的饺子。锅贴底金黄酥脆，面皮软韧，馅味鲜香，是泰州风味小吃。煎锅贴时，需要不断地转动锅子，不时揭开锅盖淋一点水。

绿豆儿粉 [nɔʔ⁵tʰɤɯ²¹ər⁰fəŋ²¹³]

主要原料为绿豆，是一种可拌多种调料的凉食。吃时将成块的"绿豆儿粉"用刀切成宽条状，加入适量黄瓜丝、辣椒等调料拌匀即可食用。

4-28 ◆泰州老街

4-29 ◆泰州老街

麻糕 [ma⁴⁵kɔ²¹]

用芝麻粉、白糖、炒米粉、核桃仁等原料制作而成的糕点。制作时将糖糊、芝麻粉和糕粉按一定比例混合，嵌以优质核桃仁，经装模、复糕、冷却、切片、烘烤等十多道工序精制而成。

麻饼儿子 [ma⁴⁵piŋ²¹³a⁰tsɛ⁰]

泰州麻饼始创于清同治年间，与"麻糕""香麻油"并称"三麻"，是泰州最有名的特产。麻饼色泽金黄，两面蘸满黑白芝麻，兼咸甜两味。咸馅用香葱末、熟猪油、盐制成，甜馅用白砂糖做成。麻饼不同于烧饼，不是铁板烘烤而成，而是放在大平锅中，以香油煎烙，直至麻饼鼓起，呈金黄色。

麻花儿子 [ma⁴⁵xua²¹a⁰tsɛ⁰]

把两股条状的面拧在一起，用油炸熟，既可当零食，又可佐酒伴茶。炸制麻花时油温不可太高，需不时用筷子翻动，使其受热均匀。泰州街边，随处可见炸制麻花的小摊。

4-30 ◆泰州老街

4-31 ◆泰州老街

4-32◆黄桥古镇

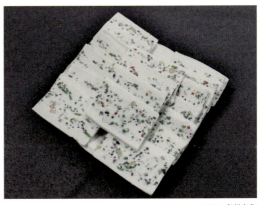

4-33◆泰州老街

潮糕 [tsʰɔ⁴⁵kɔ²¹]

主要原料是粳米粉、桂花和白糖，经过筛粉、平匀、上笼、蒸锅、盖印五道工序制成。还可以根据个人口味，加入松仁、红绿蜜饯丝等。"潮糕"出笼不粘手，久放不落屑，香而不浊，甜而不腻。

云片糕 [yŋ⁴⁵pʰiĩ³³kɔ²¹]

通常呈长方形，质地滋润细软，入口即化，久藏不硬。主要原料是糯米、白糖、猪油、芝麻、核桃等。相传乾隆下江南时，盐商献茶点，乾隆一尝，香甜松软，清新可口，问其名称。盐商说此乃祖传小食，没有名称，叩请乾隆赐名，乾隆遂赐名"云片糕"。泰州地区有大年初一清晨吃云片糕的传统，寓意新年高升。

馓子 [sɛ̃²¹³tsɛ⁰]

传统油炸小吃，是古代寒食节禁火时的必食之品。以麦、稻等为原料，拉成细条。油炸后色泽金黄，如金丝缠绕。如今，寒食节的风俗已经淡化了，但"馓子"仍是泰州地区老少皆宜的小吃。

4-34◆泰州老街

泰州

肆·饮食

149

4-35 ◆溱潼古镇

4-36 ◆黄桥古镇

薄脆儿子 [paʔ⁵tsʰuəi³³a⁰tsɛ⁰]

泰州特产，以姜堰薄脆最著名。"薄脆"的主要原料有面粉、芝麻、糖、花生油等，经手工烘焙制成，酥脆可口。

麻团 [ma⁴⁵tʰõ⁴⁵]

一种油炸面食，因表面粘裹芝麻，呈球团状，故名。麻团的主要原料是糯米，可有馅可无馅。馅有豆沙、芝麻粉等，口感香甜绵软，是泰州人常吃的一种点心。

炒米 [tsʰɔ²³mi²¹³]

把大米放入特制的密闭容器，加热至熟，打开后，米粒因气压作用炸成炒米。食用方便，以开水冲泡，米香扑鼻。加入白糖食用，口感清甜，可以当点心招待客人。郑板桥在他的《板桥家书》中写道："天寒冰冻时暮，穷亲戚朋友到门，先泡一大碗炒米送手中，佐以酱姜一小碟，最是暖老温贫之具。"

炒米糖 [tsʰɔ²³mi²¹³tʰaŋ⁴⁵]

一种泰州特色小吃。将炸好的炒米加上油、糖、陈皮，翻匀搅拌，放入模子里压平拍实，再切成长方块，就成了"炒米糖"。也有将炒米糖搓成圆球的，叫"欢喜团"，寓意欢乐团圆。

4-38 ◆泰州老街

4-37 ◆黄桥古镇

4-39 ◆泰州老街

4-40 ◆泰州老街

猫耳朵 [mɔ³³a²¹³tɔ⁰]

一种油炸食品，因其形似猫的耳朵而得名。发酵面兑上少许碱，倒入麦芽糖，将面粉揉搓成团，分成等份，捏成耳朵形生坯后入锅炸制而成。

山芋干子 [sɛ̃²¹y²¹kɛ̃²¹tsɛ⁰]

由山芋切片晒干后制成。旧时生活水平不高，泰州人用山芋干等杂粮充饥。现在泰州人把山芋干用油炸至深黄色，撒上糖粉，当作休闲小食。

五香茶干 [vu²¹³ɕiaŋ²¹tsʰa⁴⁵kɛ̃²¹]

加香料煮熟的豆腐干，旧时用于佐茶，故称"茶干"。泰州"五香茶干"的工序较为繁复，豆浆点卤后将其灌入烟盒般大小的蒲包中，再将包口拧紧，反压在包下，然后将蒲包码在一起挤压。待挤干水分，取出成形的干子放入甑子中浸煮。此时放酱油及茴香、桂皮、丁香、莳萝等几十种香料，急火烧开后，再文火焖足一夜，方能入味。吃法甚多，生吃、配菜皆可，是泰州茶点中的一道妙品。

山芋粉子 [sɛ̃²¹y²¹fəŋ²¹³tsɛ⁰]

即山芋粉丝。旧时泰州农家如果有富余的山芋淀粉，就会请师傅做山芋粉丝。先将山芋淀粉泡开成糊状，用铜勺舀到蒸箱里，旺火蒸。一层蒸透了再加一层，蒸好一箱后倒在竹匾上冷却，最后制成一大块山芋淀粉饼。师傅再用刨子将其刨成丝状，山芋粉丝便做好了。

4-41 ◆泰州老街

4-42 ◆黄桥古镇

泰州

肆·饮食

151

4-43◆邑庙街

4-44◆黄桥古镇

干丝 [kɛ̃²¹sɿ²¹]

用豆腐干切成的细丝，是泰州传统名小吃，始创于清康熙年间。"干丝"制作极为讲究，须选用泰州里下河地区的大豆，将厚度不足 3 厘米的豆腐干片成 20 多片，再将片好的豆腐干片切成细丝。泰州干丝或烫或煮，味美清淡，是泰州人早茶不可或缺的佳肴。

百叶 [pɔʔ³iɪʔ⁵]

即千张，一种薄片状豆制品。制作百叶时，先将精选黄豆粒洗净，碾成浆水后煮沸，然后点卤水，焖至浆花成片，盛至专用木榨箱中。每浇一层豆花盖一层纱布，浇满后盖上盖板，再用石块等重物压上。随着压力逐渐加大，浆水从木箱旁的孔隙排出，百叶即成。泰兴的孔桥百叶薄如纸，柔似绢，抓起来成团，松开后平展光滑，是泰州名产。

油炸臭干 [iɤɯ⁴⁵tsæʔ⁵tsʰɤɯ³³kɛ̃²¹]

将豆腐干浸在卤子中发酵后，放入锅中煎炸而成。制臭干的卤子各有配方，由卖家自行调制，比如以苋菜梗为原料。"油炸臭干"佐以葱、蒜、虾油等调料食用，口感外酥里嫩，深受当地居民喜爱。

4-45◆邑庙街

斫糖 [tsæʔ³tʰaŋ⁴⁵]

旧时货郎零卖的一种饼状软质麦芽糖，售时以小刀斫成条状小块，因此得名。"斫糖"由小麦和糯米制成，先将小麦浸泡，发芽至约 4 厘米长，取其芽切碎。然后将糯米洗净，倒进锅中焖熟，与切碎的麦芽搅拌均匀，发酵 3—4 小时，滤出汁液。再用大火煎熬成糊状，冷却后即成琥珀状糖饼或糖块。过去在泰州地区，一听到货郎的吆喝声，小孩子就会跑出家门，用旧塑料、破布、牙膏皮换取小块"斫糖"作为零食。

寸金糖 [tsʰuəŋ³³tɕiŋ²¹tʰaŋ⁴⁵]

以白糖为原料，经多道工序制作而成。长约一寸，色泽金黄，所以叫"寸金糖"。同时蕴含了"一寸光阴一寸金，寸金难买寸光阴"的含义。"寸金糖"内有夹心，外裹芝麻，香甜可口，受到泰州居民的欢迎。

生姜糖 [səŋ²¹tɕiaŋ²¹tʰaŋ⁴⁵]

泰州地区有"早吃生姜晚吃醋""咬口生姜喝口醋"的谚语，常以生姜做糖。先用姜汁或姜粉加入水中烧开，再按照一定比例加入红糖、麦芽糖浆熬制。数分钟后，冷却成形，将其切成小块即可食用。

4-49◆黄桥古镇

4-51◆泰州老街

薄荷糖 [paʔ⁵xu⁰tʰaŋ⁴⁵]

以白糖、薄荷为原料熬制而成的一种糖果。做法是在糖料冷却凝固的过程中加入适量薄荷油。出模后的薄荷糖呈金黄色，上嵌银丝，有薄荷清香味。泰州百年老字号红梅牌的丝光薄荷糖，价廉物美，人称"三里香糖"，意为口含一粒糖块，要走三里路才吃完。

交切片 [tɕiɔ²¹tɕʰiɪʔ³pʰiɪ̃³³]

即切成薄片的芝麻糖，用木滚筒将芝麻糖碾压成薄片，可根据生产季节的不同，添加适量的玫瑰、桂花或姜汁等。范成大《分岁词》赞道："就中脆饧专节物，四座齿颊锵冰霜"，其中"脆饧"指的就是"交切片"。

芝麻糖 [tsɹ²¹ma⁰tʰaŋ⁴⁵]

泰州地区的传统食品，以炒芝麻和糖浆为原料，有块状、条状、圆筒状等形状。根据原料的不同，可分为白芝麻糖和黑芝麻糖。

4-50◆泰州老街

黄酒 [xuaŋ⁴⁵tɕiɤɯ²¹³]

以糯米或大米、小米、玉米等谷物为原料，用酒曲和酒母做发酵剂酿制而成，与啤酒和葡萄酒并称世界三大古酒。旧时泰州民间还将雄黄粉末加入黄酒，洒在幼儿头上，用来驱虫祛毒。

4-52 ◆泰州老街

药酒 [iaʔ⁵tɕiɤɯ²¹³]

将名贵药材浸泡于酒中制成。泰州北部处于苏北里下河低洼地区，气候潮湿，多风湿病和关节炎患者，民间认为久饮药酒可舒筋活血，祛风祛湿，当地以"陈德兴枯陈药酒"最为著名。泰州民谣云："通商桥口老糟坊，偌大灯笼挂路旁。枯陈药酒治百病，麦曲绍烧味美香。"

4-53 ◆兴化府前路

4-54 ◆泰州老街

4-55 ◆泰州老街

米甜酒 [mi²¹³tʰiĩ⁴⁵tɕiɤɯ²¹³]

以糯米为主要原料，辅以陈酿烧酒发酵而成，又称"糯米浆酒"[nɤɯ²¹mi²¹³tɕiaŋ²¹tɕiɤɯ²¹³]。泰州兴化地区的"米甜酒"早在明代即成为地方特产。将"米甜酒"煮沸，打入鸡蛋，便成为兴化农村招待女婿的上等早茶。旧时泰州还有窖藏"米甜酒"的习惯，在儿子满月这一天，将"米甜酒"装坛，埋入地下，待儿子结婚时挖出，作为喜酒。

老酒 [nɔ²³tɕiɤɯ²¹³]

泰州方言里的"老酒"，是"酒"的统称。但"泰州老酒"，是"陈酒"之义，一般指收藏 15 年以上的高纯度白酒。民间有"酒越陈越香，越老越值钱"的说法。泰州兴化是老酒收藏的发源地之一，2016 年兴化还成立了老酒协会，传承老酒文化，帮助市民鉴定老酒。

4-56 ◆泰州老街

梅兰春酒 [məi⁴⁵nɛ̃⁴⁵tsʰuəŋ²¹tɕiɤɯ²¹³]

20 世纪 80 年代由泰州酒厂研制的一种芝麻香型白酒，开全国芝麻香型白酒之先河。色泽微黄透明，醇厚爽口，香气中带有炒芝麻的糊香味，被誉为"江苏茅台"。泰州人民为纪念梅兰芳，将该酒命名为"梅兰春酒"。梅兰春酒多次在评酒会上获得好评，曾被当作国礼赠予外国领导人。

4-57 ◆泰州老街

4-58 ◆永泰路

茶叶茶 [tsʰa⁴⁵iɪʔ⁵tsʰa⁴⁵]

以茶叶冲水泡制而成，在泰州居民生活中占有重要地位。泰州地区聘礼中往往有茶叶，故有些地方将聘礼称为"茶礼"，将下聘礼称为"下茶"。旧时泰州茶馆喝茶分四等。第一等，士绅富商喝龙井。第二等，普通家庭喝魁针。第三等，寓泰外地人士喝珠兰。第四等，茶馆在第二天将卖剩下的这三种茶混在一起泡煮，提供给车夫、搬运工等。近年来，随着生活水平不断提高，泰州人喝茶已经没有等级之分。

糖茶 [tʰaŋ⁴⁵tsʰa⁴⁵]

即糖水，用红糖或白糖冲泡而成。泰州地区新女婿上门要喝"三道茶"：第一道"糖茶"，寓意甜甜蜜蜜；第二道枣子茶，象征早生贵子；第三道汤圆茶，谓之圆圆满满。

水烟袋儿子 [suəi²¹³iĩ²¹tɛ³³a⁰tsɛ⁰]

与"旱烟袋儿子"相对，由烟管、吸管、盛水斗、烟仓、手托、通针等组成，多为铜制。富裕人家，夏天还会在水烟手托部位套上竹丝编制的托套，以保护烟壶。

4-60 ◆泰州老街

旱烟袋儿子 [xʊ̃²¹iĩ²¹tʰɛ²¹a⁰tsɛ⁰]

一种吸烟用具。一般由铜制金属锅、木制空心管和玉制烟袋嘴三部分组成，又称"烟袋子"[iĩ²¹tʰɛ²¹tsɛ⁰]。烟管下方通常挂一烟口袋，用于放置打火石和烟丝等物，大都为布制或皮制。旧时泰州农村多使用"旱烟袋儿子"。

4-59 ◆黄桥古镇

4-62 ◆ 永泰路

脂油 [tsʅ²¹iɤɯ⁴⁵]

即猪油。从猪的脂肪中提炼出来的食用油，常温下为白色或浅黄色固体。在物资匮乏的年代，猪油是重要的油脂。对于老一辈的泰州人来说，一碗猪油拌菜饭就是记忆里难得的美味。如今，猪油已经被植物油取代，但泰州人偶尔还会用猪油炒菜。

4-63 ◆ 永泰路

蛋茶 [tʰɛ̃²¹tsʰa⁴⁵]

用来招待客人的一种食物。制作方法简单，将水烧开，然后把鸡蛋打进去，即成水煮荷包蛋。装碗，加上红糖或白糖即可。旧时，主人打蛋茶、客人吃蛋茶都有一定的规矩。打蛋茶一般是一碗盛三只荷包蛋，少了就不吉利。吃蛋茶时要懂得留蛋，客气地跟主家讨个空碗，拨出一两个荷包蛋后再吃。新媳妇进门后的第一个新年，要为长辈送蛋茶。如果晚辈不小心得罪了长辈，也有"端蛋茶赔礼"的习俗。新女婿上门，丈母娘得打蛋茶招待，乡谚云："新女婿一到，丈母娘靠灶，锅铲直跳，鸡蛋壳子乱撂。"

4-61 ◆ 泰州老街

烟丝儿子 [iĩ²¹sʅ²¹a⁰tsɛ⁰]

将烟叶切成丝状、粒状、片状、末状等，再加入辅料，经过发酵制成烟草，可与旱烟袋、水烟袋配合使用。早在清朝，泰州、黄桥等地就有手工制作烟丝的历史。

脂油渣儿子 [tsɿ²¹ixɯ⁴⁵tsa²¹a⁰tsɛ⁰]

即熬过油的猪油渣、猪肉渣。可以直接食用，也可以做成饺子或包子的馅料，还可以作为猪肉的替代品炒制各种菜肴。在泰州，猪油渣更是从猪油的副产品一跃成了专门的休闲食品，黄桥肉渣是泰州的特产之一。

虾球 [xa²¹tɕʰixɯ⁴⁵]

取新鲜河虾去壳，剁成泥，加入猪肉糜、适量的水和调料，混合后用手挤成球状，在油锅中炸制而成。烧虾球要用鸡汤，配少许笋片木耳，加熟猪油烹之即可。虾球是泰州溱潼古镇最具特色的美食之一，同鱼饼合称"溱湖双璧"。2014 年，溱潼古镇举办了虾球制作大赛，展现传统的虾球制作工艺。

泰
州

肆
·
饮
食

鱼圆 [y⁴⁵yõ⁴⁵]

　　取新鲜鱼肉，用双刀剁成肉糜，加入猪油、水和调料，混合后用手挤成球状，在水或油中氽制而成。油氽鱼圆可以现炸现吃，也可以与笋片、茨菇片、木耳片等烩制食用，口感鲜嫩、韧性十足。在泰州，"鱼圆"是逢年过节、招待贵客、喜事庆典的必备菜肴，有年年有余、团团圆圆的寓意。

鱼饼 [y⁴⁵piŋ²¹³]

　　取新鲜鱼肉，剁成泥，加入调料和水，混合后压成饼状，在平底锅上以文火烙制而成。用料以白鱼为上，青鱼次之。烧鱼饼需将鱼饼切成块状，配以笋片、鸡丝、青菜心等，放入鸡汤，起锅后在碗中浇少许麻油即可。泰州溱湖盛产鲜鱼，湖畔人家几乎都会制作鱼饼，所以溱潼鱼饼远近闻名。

4-68◆永泰路

炒青菜 [tsʰɔ²¹³tɕʰin²¹tsʰɛ³³]

　　泰州家常菜。将青菜洗净后，由根部切断，放入油锅中翻炒至柔软出汁，起锅前用盐调味即可。青菜是我国最普遍的蔬菜之一，各省均有栽培，尤以长江流域为广，是泰州人经常食用的蔬菜品种。

4-70◆永泰路

炒药芹 [tsʰɔ²¹³iaʔ⁵tɕʰiŋ⁴⁵]

　　择去药芹的叶子和根，取其嫩茎洗净，切成小段，放入油锅中翻炒至柔软出汁，起锅前用盐调味即可。除了素炒，药芹还经常与肉片一起翻炒。

炒豇豆角儿子 [tsʰɔ²¹³kaŋ²¹tʰɤɯ²¹kaʔ³aˀ⁰tsɛ⁰]

　　将豇豆洗净后切成小段，放入油锅中煸炒至变色。再加入适量开水、大蒜、辣椒、酱油和盐，稍稍翻炒使其入味。然后盖上锅盖，让豇豆收汁，等水快干时出锅即可。

4-69◆黄桥古镇

4-71 ◆黄桥古镇

4-72 ◆黄桥古镇

红烧肉 [xoŋ⁴⁵sɔ²¹zɔʔ⁵]

泰州红烧肉，一般选用五花肉，切成块状烹制，有肥有瘦。下锅前无须放油，直接将肉煸出油，倒一点自家酿的粮食酒，放生姜和少许的酱油，焖至收汁即可。过去物资匮乏，红烧肉是难得的佳肴。去别人家做客，不能夹别人面前的红烧肉，只能夹自己面前的这一块，这是吃饭的礼数。

斩肉嘎 [tsɛ̃²¹³zɔʔ⁵kɔʔ⁵]

即狮子头，因其外形大而圆，酷似狮子头而得名。狮子头是淮扬菜系的一道传统名菜，由六成肥肉和四成瘦肉加上葱、姜、鸡蛋等配料搅拌后，斩成肉泥，再做成拳头大小，可清蒸可红烧，肥而不腻。一般一盘菜由四个狮子头组成，分别寓意福、禄、寿、喜，故名为"四喜丸子"，是泰州喜宴上的必备菜。

鲫鱼汤 [tɕiɿʔ³y⁴⁵tʰaŋ²¹]

将新鲜鲫鱼过油煎，放葱、姜等调料，加入热水，大火烧开，然后文火慢炖。汤汁浓稠，味道鲜美，尤其适合秋冬食用，故泰州有俗语云："寒吃鲫鱼夏吃鲹。"

4-73 ◆黄桥古镇

苋菜汤 [xɛ̃³³tsʰɛ³³tʰaŋ²¹]

用红苋菜做成的汤。每年端午节，泰州各家都会吃"五红"（五道色泽鲜红的菜肴），寓意驱邪避妖，其中必不可少的一"红"就是"苋菜汤"。汤汁粉红，富有营养。因此，有谚云："端午苋菜赛猪肝，六月苋菜金不换。"

4-74 ◆永泰路

4-75 ◆永泰路

4-77 ◆濂潼古镇

炿茄儿子 [xu²¹tɕʰya⁴⁵a⁰tsɛ⁰]

即蒸茄子。将茄子切成条，然后隔水蒸熟，以酱油、麻油、盐、蒜等为佐料。蒸茄子又称"戳茄儿子"[tsʰua²³tɕʰya⁴⁵a⁰tsɛ⁰]，制作简单，味道鲜美，是泰州人夏季的家常菜。

茄儿干子 [tɕʰya⁴⁵a⁰kɛ̃²¹tsɛ⁰]

将茄子洗净，切成大片，晒2—3天，即成干茄子。也可将洗净的茄片在开水中焯一下再晒。吃的时候，用冷水泡开、拧干，然后切丝或切小片，炒菜、炖肉、做汤均可。干茄子口感软韧，便于贮藏，是冬春季节泰州人喜爱的干菜。

干咸菜 [kũ²¹xɛ̃⁴⁵tsʰɛ³³]

将咸菜晾干而成，可供长期贮存。"干咸菜"既可单吃，也可烧菜做汤。干咸菜烧肉作为泰州"八大碗"之一，广受当地人喜爱。泰州人对咸菜情有独钟，源于一个故事：有一年发大水，富人抱着金银财宝饿死在逃亡途中，穷人家里只有"干咸菜"，就一口咸菜喝一口水，最后安然无恙地撑到了洪水消退。

4-76 ◆永泰路

泰州

肆·饮食

4-78 ◆兴化板桥路

黄瓜干子 [xuaŋ⁴⁵kua²¹kɛ̃²¹tsɛ⁰]

黄瓜洗净切开，晾干而成，以色鲜、味香、质脆"三绝"广受推崇。制作好的干黄瓜，适宜腌、泡、拌、炒、炖等多种做法，无论是单独成菜还是做配菜，都很美味。

4-80◆邑庙路

风鱼 [foŋ²¹y⁴⁵]

又叫"腊鱼"[næʔ²¹y⁴⁵]，一般立冬以后开始制作，正月十五前后取下食用。选用新鲜青鱼剖杀、洗净，在鱼脊骨两侧肉厚处竖切几刀，用调料腌制，以便入味。用细绳贯穿，挂于通风处10—15天后，便成"风鱼"。食用前将"风鱼"刮鳞洗净，斩块烹制成"酱蒸风鱼""风鱼煨肉"等菜肴。

风干肉 [foŋ²¹kũ²¹zɔʔ⁵]

为便于猪肉保存，每到冬季，泰州人会把猪肉切成长条，挂在阴凉通风处，自然风干。等到来年二三月份，便可取下食用。肉类经过风干后，形成一种独特的风味，深受人们的青睐。

风鸡 [foŋ²¹tɕi²¹]

指风干的鸡，是泰州地区经常食用的腌腊禽类食品。将鸡洗净，挂在室外，自然风干，避免阳光直射，一个半月后即成。腊香味浓，保存期长，宜于佐酒。"风鸡"加工历史悠久，一般在小雪前后开始腌制，来年春季取下食用。炖、蒸、炒皆宜，也可作为春节走亲访友的馈赠佳品。

泰州

肆·饮食

4-86◆邑庙路

咸蒜头儿子 [xɛ̃⁴⁵sũ³³tʰɤɯ⁴⁵a⁰tsɛ⁰]

以鲜嫩蒜头为原料，先用盐腌制，后以糖、醋、酒浸泡，最后封坛。整体呈红褐色，红润鲜亮，蒜香浓郁，酸甜适口。当地人认为其具有开胃和预防感冒的功效，泰兴有熟语："大蒜是个宝，常吃生病少。"

咸菜 [xɛ̃⁴⁵tsʰɛ³³]

泰州素有入冬腌咸菜的传统，小雪后，购颗大、均匀的青菜或雪里红，用湿布将菜上的泥土擦拭干净，晒上一天使菜变软。第二天用盐搓揉腌入缸内，用石头压住，叫"盘咸菜"。咸菜卤漫过腌菜后打把装坛，菜头朝下码放整齐，封紧坛口。泰州谚语"正月里金咸菜，二月里银咸菜"，说的是正月最宜晾晒咸菜。

猪肉脯 [tsu²¹zɔʔ⁵pʰu²¹³]

经腌制、烘烤的片状猪肉制品，可直接食用，亦可与鸡蛋、豆腐等烹调后食用。泰州靖江素有"肉脯之乡"的美称，最著名的是"双鱼牌猪肉脯"。猪肉脯采用新鲜的猪后腿瘦肉，加上特制配料精制而成。色泽油润，味道鲜美，甜中微咸，便于贮存和携带。

4-82◆溱潼古镇

4-83◆邑庙路

4-87◆邑庙路

腌豇豆 [iĩ²¹kaŋ²¹tʰɤɯ²¹]

选用嫩豇豆加盐、凉开水等腌制而成，封缸贮存。豇豆是泰州常见的豆类，腌豇豆酸脆可口，是泰州人喜爱的佐餐小菜。

萝卜干儿子 [nu⁴⁵poʔ³kʊ̃²¹a⁰tsɛ⁰]

泰州家常小菜，一般在小雪前后开始腌制。选用新鲜白萝卜，加盐腌制一晚后，再经曝晒、烫卤、续晒直至全干，装坛以备食用。旧时学徒常以萝卜干下饭，因此在商店学徒三年，也叫"吃三年萝卜干饭"。

酱菜 [tɕiaŋ³³tsʰɛ³³]

用酱或酱油腌制的蔬菜，泰州特产之一。酱菜质脆味鲜，咸甜适口。兴化"五福酱菜"较受欢迎。

4-84◆邑庙路

4-85◆邑庙路

咸鱼 [xɛ̃⁴⁵y⁴⁵]

用盐腌制后晾干的鱼。入冬以后，泰州人有腌制咸鱼的习俗，多选用肉质肥厚的鲤鱼、鲭鱼、鲲鱼，去鳞除内脏，腌入缸内，待腌透后，取出晒干。咸鱼便于保存，可直接煮食或与肉等同煮，"咸鱼烧肉""咸鱼花生米"等是当地有名的佳肴。

香肠 [ɕiaŋ²¹tsʰaŋ⁴⁵]

把切碎的肉及佐料按一定比例调和，灌入肠衣内风干而成。因旧时民间多在腊月灌制以供春节期间食用，故又称"腊肠"。食用时一般是隔水蒸，然后切片，亦可与其他食材炒、煎、炖等。靖江"双鱼牌香肠"广受好评，1981 年被评为江苏省优质食品。

扎蹄 [tsæʔ³tʰi⁴⁵]

泰州地区的传统名食，乾隆年间就已开始生产。"扎蹄"以新鲜的猪肉为原料，配以精盐、花椒等佐料，用猪皮包裹，再经捆扎、卤煮、冷却等工序制成，常用于佐餐下酒。香味浓郁，肉质鲜美，深受当地百姓喜爱。

4-89◆邑庙路

咸肉 [xɛ̃⁴⁵zɔʔ⁵]

　　以鲜猪肉为原料，用盐腌制。泰州地区腌制咸肉十分普遍，猪肉洗净，用粗盐遍擦内外，放在缸内加石块压牢，行卤后取出晾晒。待盐卤收干后悬挂于室内，可长期保存。

4-91◆邑庙路

腌鸡子 [iĩ²¹tɕi²¹tsɛ⁰]

　　泰州地区传统的腌制食品，亦称"咸鸡" [xɛ̃⁴⁵tɕi²¹]。鸡洗净，用盐、五香粉等腌制入缸，出卤后，取出晾晒，待余卤收干，悬挂于阴凉通风处。食用时，先冷水浸泡，以除咸味，然后入锅煨煮，冷食、单烧、衬菜均可。

扎肚儿子 [tsæʔ³tu²¹³a⁰tsɛ⁰]

　　以猪膀胱做外衣，灌入调制好的肉馅，扎紧，晾挂一个月制成。过去，为了保存时间更长，表面涂抹香油，故又称"香肚儿子" [ɕiaŋ²¹tu²¹³a⁰tsɛ⁰]。可蒸可煮，风味独特。

4-93◆泰兴石桥

伍·农工百艺

　　泰州农耕历史悠久。自古以来，泰州稻米久负盛名，尤以"红粟"扬名。史料和诗文记载颇多，如西晋左思《吴都赋》："觑海陵之仓，则红粟流衍"；初唐骆宾王《为徐敬业讨武曌檄》："海陵红粟，仓储之积靡穷"；宋代陆游《对食戏作》："香粳炊熟泰州红，苣甲薹丝放箸空"等。

　　过去农家种田多凭经验，留下许多农谚，如"立夏十，当头勒""立冬种晚麦，小雪住犁耙""重田芋头一层壳，重田花生没得剥"等。随着农业技术水平和机械化程度的不断提高，泰州正处于传统与现代化并存的阶段，一方面保留部分传统的生产方式，另一方面各地已基本实现机械化，旧式生产工具渐渐被高效的机械取代。

　　泰州民间有"无业不遮身""荒年成饿不煞手艺人"的说法，木、瓦、漆、雕、铜、

铁、篾、皮皆有工匠，理发修面、裁衣缝纫、坐馆执教百作俱全。各行各业供奉祖师爷，技艺以拜师的方式传承，其中的繁文缛节已大为简化，但尊师、敬老的观念依然深入人心。如今，传统手工艺的保护与传承日益受到重视，泰州的老街、小镇里仍然能看到一些技艺传承人的坚守，政府也积极倡导，盆景技艺、传统木船制造等被列为国家级非物质文化遗产。

　　明清时期泰州商业繁盛，商贾云集，徽调楚腔杂陈。北门坡子街、彩衣街、城内大林桥一带分布众多百年老店与大商号，形成了现今泰州著名的历史文化街区。泰州老街青砖黛瓦、坡子街商铺林立、东门外大街前店后坊，延续着老行当、老手艺，彩衣街、篮子行街等老街深巷依然充满浓郁的市井气息。

旱田 [xũ³³tʰiĩ⁴⁵]

土地表面没有蓄水，用于种植小麦、山芋、黄豆等的田地。

犁田 [ni⁴⁵tʰiĩ⁴⁵]

用犁把泥土犁开，翻松土壤。扶犁很关键，犁尖扎进土里须恰到好处，要犁得直，深浅一致。犁到田的尽头，再折回来。通常用牛拉犁，田少的人家也会人工犁田（见图5-3）。

5-3◆黄桥古镇

水田 [suəi²¹³tʰiĩ⁴⁵]

用于种植水稻的田地，可以长期蓄水。泰州市是水稻的重要产区，是全国优质商品粮生产基地。泰州市原本多旱田，1955年开始"旱改水"工作，平田整地、兴修水利，到1971年，水田占耕地的比例超过旱田。

耙田 [pʰa⁴⁵tʰiĩ⁴⁵]

犁田之后，把翻出的大块泥土打碎、弄散，把高低不平的地方填平、补齐。可用人力或牛力，人力耙田，使用铁质耙具（见图5-4）。用耙具反复在地里耙，边耙边后退，直到把土块全都耙散、耙碎、耙平整。

泰州 ｜ 伍·农工百艺

5-5 ◆石桥

插秧 [tsʰæʔ³iaŋ²¹]

把稻秧插到稻田里。以前多为人工插秧，现在泰州各地基本实现农业机械化，多采用插秧机插秧。在插秧的第一天早晨，兴化农村有招待插秧人吃糯米圆子的习俗，以求吉利，俗称"开秧门"。在插秧的最后一天要招待插秧人吃面条，俗称"关秧门"。过去，靖江农村还在起秧苗之前烧香、焚纸钱，称"敬秧园神"。

下秧 [xa³³iaŋ²¹]

培育秧苗的农业活动。水稻种植过程中，下秧育种是很重要的环节。先要做好秧田，将稻种均匀播撒在秧板上；然后用水浸稻种，一般浸3日；把水倒掉，再搁晒。搁晒的时间要看天气、土质等情况，一般搁晒2—3天。

5-8◆石桥

割麦子 [kuʔ³moʔ⁵tsɛ⁰]

过去，泰州有"麦子要抢""收麦如救火"的说法，因为小麦成熟期短，收获时间紧。现在泰州各地基本采用收割机收割麦子，效率大大提高，割麦子不像以前那样紧张了。

扱玉芦秫 [pɛ̃²¹y³³nu⁴⁵ɕi²¹]

泰州称玉米为"玉芦秫"，玉米成熟后，把玉米棒掰下来。有的人家把玉米秆留在地里，待来年做肥料；有的人家把玉米秆砍下来，当柴火用。

收稻 [sɣɯ²¹tʰɔ³³]

收割水稻。一般使用镰刀，大片田地也有用收割机的。稻桩要留得短，割下的稻子需摆放整齐，根部放在稻桩上，稻穗端呈扇形展开，既容易晒干，又便于捆稻。

5-9◆石桥

5-7◆黄桥古镇

5-10 ◆ 石桥

打场 [ta²¹³tsʰaŋ⁴⁵]

麦子、稻谷、豆子等农作物收割后，在场上脱粒的过程。农户把庄稼放在平坦空旷的场地上，用连枷拍打，使谷物受到挤压，从而脱粒。"打场"多在午后，穗头已晒干，脱粒快。

收菜籽 [sɤɯ²¹tsʰɛ³³tsɿ²¹³]

油菜籽成熟之后，收割油菜籽的农业活动。当油菜大部分荚果由绿色变成黄色、由软而多水变得又干又硬时，把油菜连根拔起或贴地割断，再扎成小把立于田间或运到晒场上晾晒。为防止裂荚，通常在早晨露水没干的时候收割。

择花生 [tsəʔ³xua²¹səŋ²¹]

花生成熟后，把花生从地里拔出来，抖落泥土，从藤根上摘下来。摘下来的花生放在晒场上晒干。摘花生不是重体力劳动，通常由妇女、老人或小孩来做。

5-12 ◆ 石桥

5-11 ◆ 石桥

5-13◆黄桥古镇

打黄豆 [ta²¹³xuaŋ⁴⁵tʰɣɯ²¹]

用连枷把晒干的黄豆从豆荚里打出来。拍打豆藤,先将连枷晃上去,再对着豆荚打下来,如此反复,直到黄豆全部被打出来。打完的豆藤可做柴火烧火煮饭。

打菜籽 [ta²¹³tsʰɛ³³tsʅ²¹³]

收割下来的油菜经晾晒后,用木棍、铁锹、连枷等拍打,使油菜籽从荚果中脱离出来。

5-14◆石桥

泰州

伍·农工百艺

179

5-15 ◆石桥

5-17 ◆石桥

剥玉芦秠 [paʔ³y³³nu⁴⁵ɕi²¹]

使玉米脱粒。大多在农家庭院内进行，两手各执一根玉米，用力搓挤，使玉米粒脱落。

筛黄豆 [se²¹xuaŋ⁴⁵tʰɤɯ²¹]

打黄豆后，移开豆秸，将打出来的黄豆归拢，用竹筛将豆叶、泥沙、石块等杂物筛去。筛干净的黄豆，再晾晒几天就可以储藏了。

扬场 [iaŋ⁴⁵tsʰaŋ⁴⁵]

把打下来的谷物、豆类等，用铁锨、木锨扬起，借风力吹掉壳和尘土，分离出干净的籽粒。"扬场"前，需去掉秸秆等杂物，把谷物颗粒平铺开来。

5-16 ◆黄桥古镇

5-18 ◆石桥

5-19 ◆石桥

麦关草堆子 [mɔʔ⁵kũ²¹tsʰɔ²¹³tuəi²¹tsɛ⁰]

"麦关草"指脱粒后的麦秸,"麦关草"堆成的草堆即"麦关草堆子",可用于烧火。

拔喘=子 [pʰæʔ⁵tsʰũ²¹³tsɛ⁰]

即拔秭子,拔掉长在农田里的稗草,使庄稼苗壮成长。"拔喘=子"只能人工操作,才能将杂草连根拔起。有的农户会把杂草茎叶拔出后再揣进泥土里,变成肥料。

薅草 [xɔ²¹tsʰɔ²¹³]

即除草,是粮食作物生长期间的重要环节。播种后,小苗发芽出土,杂草也随之生长,此时须及时除草。旱田用锄头松土除草,用力要轻要准。水田则用脚将杂草踩入泥里。不论旱田水田,"薅草"都要做两遍以上。

打药水 [ta²¹³iaʔ⁵suəi²¹³]

即给农作物喷洒农药。打药水时,要把药剂均匀地洒在作物或有害生物表面,手动喷雾器是比较常见的工具。

5-20 ◆石桥

5-21 ◆黄桥古镇

5-22◆海陵北路

锄头 [tsʰu⁴⁵tʰɤɯ⁴⁵]

松土、除草用的农具。前段是锋利的刀口，末端有孔和长柄相连。按用途可分为板锄、薅锄、条锄。柄长约 1 米，多用竹子或木头制成。

5-23 ◆石桥

扁担 [piĩ²¹³tɛ̃²¹]

用来挑东西或抬东西的竹质或木质工具，扁而平。泰州地区多竹，故泰州人就地取材，选用平滑、圆润、竹节少的竹子根部，将其剖开、抛光，加工制成扁担，既能载重又不压肩。新扁担通常为竹青色，用久了以后，慢慢变成黄褐色。

独轮车 [tɔʔ³nuən⁴⁵tsʰa²¹]

以人力推动的小型运载工具，只有一个车轮，故名"独轮车"。在平原、山地或狭窄的路上都能使用，方便省力。过去多为木制，现在也有合金的（见图 5-26）。

5-26◆黄桥古镇

5-24 ◆石桥

5-25 ◆石桥

畚斗儿子 [pəŋ²¹tɤɯ²¹³a⁰tsɛ⁰]

用竹篾或柳条编成的簸扬器具。三面有沿，一面敞口。小巧轻便，用途广泛，可用于簸米、簸谷物、晒咸菜等。尽管现在风谷机等农业机械已经普及，但在农村，"畚斗儿子"依然是每家必不可少的农用品。

笆斗 [pa²¹tɤɯ²¹³]

用柳条、毛竹编制的器具，呈半球形。用来撒种、撒肥、装粮食、盛放杂物等。编制"笆斗"前，须将柳条浸泡在水里，增加韧性，这样做出来的"笆斗"更加结实耐用。

翻斗车 [fɛ̃²¹tɤɯ²¹³tsʰa²¹]

人力推动的小型运载工具，由车轮、扶手和车斗三部分组成。农村地区常用来运送粮食，城里用于运送建筑材料等。

5-27 ◆海陵北路

5-28 ◆石桥

5-29 ◆海陵北路

镰刀 [niĩ⁴⁵tɔ²¹]

又称"钩刀" [kəi²¹tɔ²¹]，一种常用农具，由木柄和刀片组成，呈 L 形，主要用于割麦子、稻子、玉米等农作物。刀片长 10—25 厘米，呈月牙状，刀口锋利。部分镰刀的刀刃处有斜纹锯齿，更锋利，一般用来割稻子。

砍刀 [kʰɛ̃²¹³tɔ²¹]

砍柴用的刀，刀身较长，刀背宽厚，形状如弯月，下装木柄或铁柄，主要用于砍、割木材等。

木耙子 [mɔʔ⁵pʰa⁴⁵tsɛ⁰]

用于翻晒粮食的农具。在木柄前端平装一块长方形木板或铁板，木柄长约 1 米，木板长约 30 厘米，宽约 10 厘米，耙子一端大多为无齿的平面。

犁 [ni⁴⁵]

耕地翻土的农具，由犁头和犁身组成，犁头上装有犁铧。犁铧呈弯月形，铧刃锋利。旧时，多用牛犁田，现在多用机器，田少的人家有时也用人力。

5-31 ◆黄桥古镇

5-32 ◆黄桥古镇

钉耙 [tiŋ²¹pʰa⁴⁵]

有铁齿的耙子，用来筑田、耙碎土块、平整地面。农民垦地时很常用，多为四齿或六齿，齿长约 10 厘米，宽约 2 厘米。手把长约 1 米，有木制、竹制和铁制等。耙头一般用毛铁打造，结实耐用。

水车 [suəi²¹³tsʰa²¹]

老式提水灌溉工具。可用人力、畜力或水力，使水筒随轮转动，低处汲水，高处将水倒入水槽，再引流到水渠或农田里。以木、竹为材料，结构精巧。现在，这种水车已逐渐被水泵取代，成为城市景观。

5-34 ◆长生

5-35 ◆泰州老街

连枷 [niĩ⁴⁵tɕia²¹]

谷物脱粒的工具。用几根竹棍或木条并排编成拍子，连上长约 2 米的手柄，即可自由旋转，拍打谷物。使用连枷时要双手握住长柄高高扬起，借助拍子翻转落下的惯性拍打谷物，达到脱粒的效果。

碌子 [kuən²¹³tsɛ⁰]

碾轧谷物或平整土地的工具，由木框和圆柱形的石头组成，"碌子"可由人、畜或拖拉机等拉拽。旧时农业技术落后，"碌子"是最常见、最方便的碾压工具，现已逐渐被淘汰。

5-36 ◆长生

脱粒机 [tʰʊʔ³ni³³tɕi²¹]

利用风力将谷粒、麦穗等的外皮去掉的机器。把谷物倒入顶部的斗，待谷物下落时，摇动内部木扇，利用风力把空壳、尘土、草屑等杂物从机器一侧吹出去，留下干净的谷物籽粒。

中国语言文化典藏

芦苇箔子 [nu⁴⁵uəi²¹³pʰaʔ⁵tsɛ⁰]

用芦苇编成的帘子，在泰州农村很常见。制作过程称为"做菲打箔子"。每年深秋，待芦苇褪尽绿色，苇秆脱水变硬后，将芦苇秆收割下来，选取长短、粗细均匀的芦苇紧密排列在一起，用细麻绳编制而成。"芦苇箔子"用途广泛，可用来养蚕，晾晒衣服、粮食、棉花等，可铺在地上或木板上当床席使用，还可糊上泥巴和旧报纸竖起来作为隔墙。

米筛子 [mi²¹³sɛ²¹tsɛ⁰]

竹篾编制的过滤器具。用细竹篾编筛底，再用较大的竹片围成一圈做框。根据用途不同，筛底的孔大小不等。"米筛子"孔较小，用来筛大米等粮食，把尘土、沙粒等杂物筛下去，筛面上留下干净的粮食。

5-37 ◆长生

5-39 ◆长生

铁锹 [tʰiıʔ³tɕʰiɔ²¹]

泰州地区常用农具，用于开沟、挖土、铲沙等。泰州人用"细三锹"形容小题大做，明明某处只要挖一锹，甚至半锹就能解决问题，却非要分三锹仔细地挖，细得令人厌烦。

5-40 ◆海陵北路

小锹儿子 [ɕio²¹³tɕʰio²¹a⁰tsɛ⁰]

一种由宽铲斗或中间略凹的铲身装上木手柄组成的用具。相较铁锹，手柄较短，主要用于移苗、栽苗、铲草、松土等。

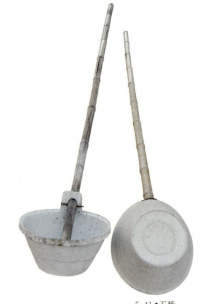

5-41 ◆石桥

屎勺子 [sɿ²¹³saʔ⁵tsɛ⁰]

又叫"粪料子"[fən³³nio²¹tsɛ⁰]，配合粪桶使用，替农作物上肥浇水的工具，有无耳粪勺和有耳粪勺两种。旧时，泰州乡间有"谁家没有屎勺子，就是懒人家"的说法。随着生活水平的提高和农业技术的发展，"屎勺子"已成为难觅的老物件了。

粪桶 [fən³³tʰoŋ²¹³]

装粪肥的桶，以前"粪桶"多为木制品，现在大多为塑料制品。上部开口处略大，桶耳穿绳子或者橡胶皮带，方便用扁担抬或挑。旧时乡民教育孩子时常说："要想跑得快，后面要有狗撵。要想长得高，后面要有大粪桶撵。"意思是，想要挑粪桶时不磕脚跟，就要快快长高。

5-42 ◆石桥

5-43 ◆长生

瓦刀 [ua³³tɔ²¹]

泥瓦匠用以砍砖削瓦、涂泥抹灰的工具。砌墙时，先用刀刃削平砖面，再把砖块放在要垒的位置，抹上水泥，然后用刀背轻轻敲击，调整位置，使砖块跟墙面保持在同一平面。泰州靖江有熟语"瓦刀式气"，形容人脾气古怪，或过于耿直，不知变通。

5-45 ◆长生

腻皮 [ni³³pʰi⁴⁵]

泥瓦匠抹泥灰的工具，由刀体和刀柄组成。刀体材质多为碳钢、不锈钢，也有用塑料制成的。主要有带齿抹泥刀（齿有尖齿、方齿和弧形齿）和平边抹泥刀。

5-44 ◆石桥

坠子 [tsuəi³³tsɛ⁰]

测量工作中投影对点或检验物体是否垂直的器具。上端系有细绳，下端为一倒圆锥形的金属锥，常见于泰州建筑工地。因其易受风力影响，现多用垂直杆替代。

抄灰板 [tsʰɔ²¹xuəi²¹pɛ̃²¹³]

又叫"抹灰板"[mæʔ⁵xuəi²¹pɛ̃²¹³]，瓦工盛放泥灰的宽铲板。旧时泰州人戏称未裹小脚的女性为"抹灰板"，形容她们脚板宽大，像"抹灰板"一样，人还未到，脚先到了对方跟前。

5-46 ◆长生

5-48 ◆鼓楼南路

鲁班尺 [nu²¹³pɛ̃²¹tsʰə²ʔ³]

木工专用的尺子。旧时泰州地区在造房修屋和制作器物时，用来度量的专用工具。

锯子 [tɕy³³tsɛ⁰]

锯开木料、石料、钢材等的工具，主要部分是有许多尖齿的薄钢片。操作时来回拉动，切割器物。儿童游戏"拉大锯"，就是根据锯子使用时"你来我往"的特点编排的。

5-49 ◆华庄

5-47 ◆海陵北路

5-50 ◆华庄

墨斗 [mɔʔ³tɯɯ²¹³]

木工用来打直线的工具。由墨仓、线轮、墨线、墨签组成，是泰州传统木工行业常见的工具。造型多样，有如意状、龟状、棺材状、鱼状等，象征不同的吉祥意义。在斗状容器中盛入墨汁，将线浸入其中，从墨斗中拉出墨线，放到木材上，绷紧，提起墨线后松手，可打上黑线。民间老人常借墨斗教育子女："为人当如木匠的墨斗，一条线，又正又直。"

刨子 [pʰɔ²¹tsɛ⁰]

刨平木料表面的手工工具。由一个刀片斜嵌在长方形木块内构成。刨子种类繁多，有凿刨、花刨、线刨等，规格、用途各不相同。刨出的木花，在过去泰州人的生活中有多种用途：旧时女人常用桐木刨花泡的水梳头；经济困难时期，人们用刨子刨榆树皮，掺糠后蒸饼吃。

凿子 [tsʰaʔ⁵tsɛ⁰]

雕凿工具，为木工、石工、雕工必备。下端多为楔形，端部有刃口，一手拿锤子敲打，另一手配合凿、刻、旋等动作，加工各种材料。泰州老木匠有口诀："凿一凿，摇三摇。前凿后跟，越凿越深。"意思是凿卯时，如果不摇晃凿子，容易把凿子夹在卯里面拔不出来。

5-51 ◆华庄

5-52 ◆海陵北路

大斧 [tʰɛ³³fu²¹³]

砍伐用的工具，多用于砍木头、竹子，是泰州家庭常用工具之一。分为单刃斧、双刃斧两种。斧头呈楔形，装有木柄。泰州木匠有行规，"大斧"的柄不能装成满榫，要在前面留一点空，叫"半榫子"，表示谦虚，手艺学得还不成熟。

篾刀 [miɲʔ⁵tɔ²¹]

5-53 ◆海陵北路

用来劈竹片的刀，刀背较厚，刀体呈竹叶形。篾刀是泰州竹编艺人的主要工具之一，在竹器的刮削、剖竹、分丝等步骤中起重要作用。主要有弯头式、平头式两种。弯头式用于劈削竹材，平头式用于劈制竹片、竹篾和表面修整。

做筛子 [tsu³³sɛ²¹tsɛ⁰]

筛子是泰州农家必备之物，现在泰州农村很多家庭仍喜欢使用手编的竹筛。从锯竹节，剖篾片，到编成竹筛子，要经过砍、锯、切、剖、撬、编、削、磨等多道工序。

5-55 ◆黄桥古镇

5-54◆黄桥古镇

编箩筐 [pʰiĩ²¹nu⁴⁵kʰuaŋ²¹]

泰州靖江有"淡竹之乡"的美誉，由此衍生出精湛的竹编工艺。当时流传"编筐窝篓，养活几口"的俗语。编一只既好看又结实的箩筐，须经过挑选竹条、烟熏火燎、打底扭花、收口、重复烟熏等工序。

雕花门窗 [tiɔ²¹xua²¹mən⁴⁵tsʰuaŋ²¹]

雕花门窗多见于格扇门、屏门和槛窗。上半段格心镂空雕花，以方格为主，同时发展出棋盘式、灯井式、六角全景式、回纹万字式等各式花纹。有的落地门窗裙板上还雕刻人物戏文、花鸟鱼虫、福禄寿喜和楼台亭阁等图案。

5-56◆泰州老街

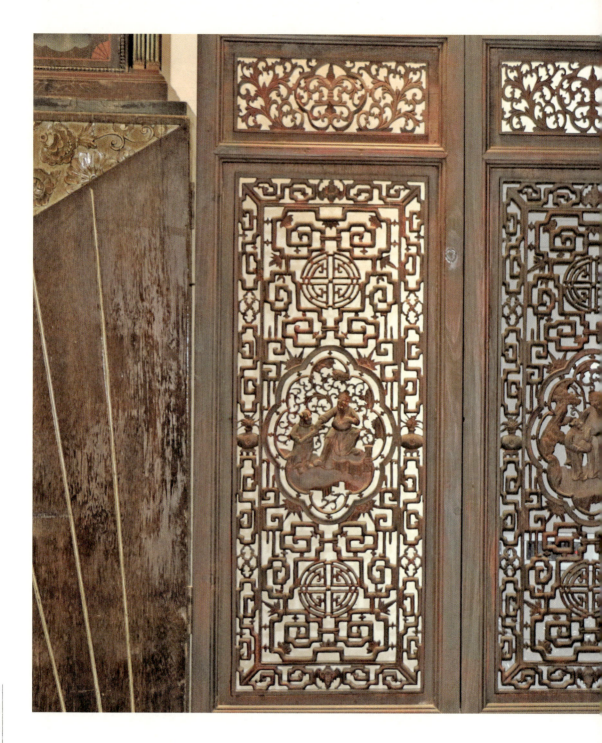

雕花隔扇 [tiɔ²¹xua²¹kə̃ʔ³ɕiĩ³³]

隔扇由外框、隔心、裙板及绦环板等基本构件组成，具有透光、可拆卸的优点。过去大量用在宫殿、寺庙及府第建筑上，既起隔断作用，又可通过加转轴做成隔扇门或隔扇窗。泰州民居堂屋和穿堂常设"雕花隔扇"，两扇一对，多为三对，隔心镂空。裙板上往往有精雕细刻的人物故事、四时花卉、飞禽走兽等图案。

5-58◆海陵北路

木雕 [moʔ⁵tiɔ²¹]

传统木雕工艺复杂，削木、雕刻、嵌板、打磨、上漆缺一不可。雕刻题材多样，包括寓意吉祥的花鸟鱼虫、飞禽走兽、人物故事等。泰州在木雕技艺的基础上发展出雕刻与彩绘并重的彩绘木雕，注重写实，有"仿真木雕"之称。

砖雕 [tsõ²¹tiɔ²¹]

青砖雕刻各式图案造型，用以装饰民居、寺庙、花园、府第等。泰州的砖雕用砖，以姜堰溱潼、兴化戴窑生产的为好。泰州民居的门墙多饰以砖雕，讲究的院落还有砖雕仪门和砖雕照壁。雕刻技法以平雕、浮雕、镂雕和透空雕为主，刀工细腻，纹理清晰，古雅秀丽。

5-57◆泰州老街

5-59◆华庄

5-60 ◆溱潼古镇

根雕 [kəŋ²¹tiɔ²¹]

在树根上进行雕刻的艺术。根雕强调"七分自然，三分人工"的创作原则和"自然天成，巧思成趣"的艺术特征，需打磨、雕刻、依势造型。

5-61 ◆长生

漆刷子 [tɕʰiɪʔ³ɕyæʔ³tsɛ⁰]

由木柄、猪鬃、镀锡铁皮或铝皮制成。用漆刷子进行涂刷是涂装施工的传统方法，工具简单，操作方便。过去，泰州篮子行街魏氏油漆店有一绝活，能在白粉墙上，无须打影，用"漆刷子"勾画出字的轮廓，直接用油漆填满，刷成五六尺见方的巨大楷书，如"某某粮行""某某油坊"等。当时最著名的是漆工魏三爹，邻近各县甚至扬州、镇江等地也有人慕名前来聘请。

5-63 ◆华庄

砂纸 [sa²¹tsɿ²¹³]

研磨用的工具，因借助纸上的砂粒研磨得名。一般用于研磨木器、竹器、金属等材料的表面，使其光洁平滑。

油漆 [iɤɯ⁴⁵tɕʰiɪʔ³]

一种呈胶黏状态的液体，涂在机器设备、房屋建筑、木器用具等物体的表面，并能形成漆膜，使物体表面不因外力摩擦、碰撞而损坏，也能使物体表面和空气、水分以及腐蚀性物质隔离，起保护作用。早在清代就有徽商胡、王、洪、方四姓在泰州经营油漆买卖。

刮胡刀儿子 [kuæʔ³xu⁴⁵tɔ²¹a⁰tsɛ⁰]

由刀头和木质刀柄两部分组成，脊厚刃薄，可折叠。用于刮胡、修面。手艺娴熟的剃头匠能准确把握运刀的方向、角度，将一把刮胡刀使出磕、刮、压、挤等手法。

荡刀布 [tʰaŋ³³tɔ²¹pu³³]

磨刀用的长条形皮革或帆布，是老式理发的辅助工具。老剃头匠习惯把"荡刀布"挂在剃头椅的扶手上，剃头之前，躬身弯腰，一手牵"荡刀布"，一手掌刀，在"荡刀布"上来回荡刀。旧时泰州剃满月头有说"合子"（吉利话）的习俗，剃头匠在挂"荡刀布"时说："刀布生来八寸长，金钩挂在金柱上，昨日朝中剃太子，今日又剃状元郎。"

画粉 [xua³³fən²¹³]

裁剪衣服时用来画线的粉块，有白、蓝、红、绿等多种颜色。裁缝多根据面料颜色，选择"画粉"，以粉线容易拍掉为宜。与老式的粉线袋相比，画粉使用起来更方便。

裁缝铺 [tsʰɛ⁴⁵fən⁴⁵pʰu³³]

代客裁剪布料、缝制衣服的铺子。店里常备案板、剪刀、尺、衣栏、熨斗、针线等工具，缝纫机是裁缝铺必备的机器。过去泰州彩衣街主要做成衣买卖，坡子街量体裁衣的裁缝铺很多，因此有"北有彩衣街，南有坡子街"的说法。

5-67 ◆长生

洋机 [iaŋ⁴⁵tɕi²¹]

即缝纫机，做针线活的机器。由于早期缝纫机从外国进口，故称"洋机"。

5-69 ◆海陵北路

下骨子 [ɕia³³kuə?³tsɛ⁰]

泰州手工制鞋的一道工序。选择合适的鞋样，将鞋样固定在浆好的"骨子"上，或在鞋样上一层层叠放碎布，沿着鞋样剪出鞋底和鞋帮的雏形。

刮浆糊 [kuæ?³tɕiaŋ²¹xu⁴⁵]

旧时，泰州妇女平时积攒碎布、旧布，将其洗净晾干后，打好浆糊，再将这些零零碎碎的布一层一层糊在干净的门板或木板上。布与布之间尽可能合缝，通常糊到三四层、五六层。然后放在家门口晒，晒干揭下来就成了"骨子"。卷成一卷，或铺平压在箱子底下，留待以后剪鞋样、纳鞋底、制鞋帮。随着皮鞋、凉鞋的普及，"糊骨子"已成历史。

缝膛底 [fəŋ⁴⁵tʰaŋ⁴⁵ti²¹³]

也称"扎鞋底"[tsæ?³xɛ⁴⁵ti²¹³]。将剪成鞋底样的"骨子"层层铺叠，用针线绞连后，再用鞋绳钉制。一般竖钉 13—15 行，针脚平整。"钉鞋底"十分讲究工艺，泰兴乡人云："郭家奶奶钉鞋底——千针（真）万实"，用以形容真实可靠。手工鞋底工艺复杂，制作费时，现已渐渐被塑料底、泡沫底替代。

5-70 ◆海陵北路

5-71 ◆海陵北路

5-74 ◆长生

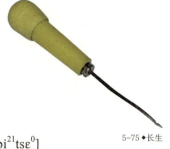

5-75 ◆长生

针箍儿子 [tsən²¹kũ²¹³a⁰tsɛ⁰]

即顶针。手工缝衣或制鞋时戴在手指上的工具，形如戒指。表面有许多小凹孔，用来抵住针鼻子，使针易于穿过衣料而不至于弄伤手指。

锥子 [tsuəi²¹tsɛ⁰]

由尖头和手柄组成，用来钻孔的一种工具。根据不同用途，刃尖有不同形状。前端带钩或孔的锥子常用于制鞋、缝衣。使用时，将线绳挂在尖钩上或穿过锥孔，握住锥子，用力穿透鞋底、布料，同时将线绳穿出。姜堰俗语"锥子不能两头尖"，比喻凡事不能两头都好，只能顾一头。

上鞋子 [saŋ³³xɛ⁴⁵tsɛ⁰]

将鞋底和鞋帮制成鞋，是泰州传统手工棉布鞋制作的一道重要工序。旧时妇女做好鞋底、鞋帮，衬好里子后，有的自己"上鞋子"，有的送到鞋匠铺。用锥子引线缝制，用力一扎、一拉、一扯，把鞋帮调正。为了舒适，有时还会在鞋底贴脚的一侧加缝海绵垫。

笃滚口 [tɔʔ³kuəŋ²³kʰɤɯ²¹³]

在鞋帮的外口上滚条。先剪下 2 厘米左右的布条，将布条沿着鞋帮外口按紧，压在缝纫机的机针下，将毛边绲在里面。制作棉鞋时，须在里子和面子之间填塞棉花后再"笃滚口"。

5-72 ◆海陵北路

5-73 ◆海陵北路

5-76 ◆长生

5-79 ◆海陵北路

磨刀砖 [mu^{45}tɔ^{21}tsũ^{21}]

通常为泥沙质地，较细，可磨出刀锋而不伤刀口。磨刀砖是磨刀必用的工具，一般先用磨刀石粗磨后，再用磨刀砖进一步打磨。

鞋楦子 [xɛ^{45}çyũ^{33}tsɛ^{0}]

做鞋的模具，通常为木制，形状似脚。将"鞋楦子"塞进鞋子的中空部分可使鞋子成型，同时起到撑大新鞋的作用，使鞋合脚。泰州地区地势低洼，气候潮湿，鞋子容易变形，现在，鞋楦子已淡出人们的生活。

磨刀架子 [mu^{45}tɔ^{21}ka^{33}tsɛ^{0}]

磨刀的辅助用具之一。架子上搁木板或石板，上面放置磨刀石。匠人用"磨刀架子"，可站立工作。

磨剪刀 [mu^{45}tçiĩ^{213}tɔ^{21}]

一种走街串巷帮人磨剪刀的行当。匠人通常肩扛长凳，长凳上固定磨刀石等工具，边走边喊。旧时泰州居民一家通常只有一把剪子，使用频繁，需时时打磨，因而这一行当颇具生命力。剪子有两片刀刃，打磨时需注意剪刀口与磨刀石的角度、剪刀中轴的松紧，做到"紧而不涩，松而不旷"才是最佳。

5-77 ◆海陵北路

5-78 ◆海陵北路

5-80◆溱潼古镇

磨刀摊 [mu⁴⁵tɔ²¹tʰɛ̃²¹]

摆在路边的小型磨刀工作台，早上摆出，晚上收回。有的匠人把磨刀摊放在车上，方便移动。车上常配有录音喇叭，这样就不必为寻找生意四处扛凳吆喝，比过去轻松多了。

棉花机 [miɪ̃⁴⁵xua²¹tɕi²¹]

旧时，弹棉花的工具是弹花弓，后来逐步被棉花机取代。棉花机先去棉花籽，然后，利用锯齿滚筒将棉花弹松，再压成均匀的长条，最后卷成棉卷。

槌子 [tsʰuəi⁴⁵tsɛ⁰]

弹棉花用的木槌，前端突出，有手柄。用槌子敲击弓弦，震动使棉花纤维均匀弹开。过去泰州居民有时以手指击打弓弦，手指易受伤，用槌子更为方便安全。

5-82◆书院路

5-83◆书院路

蓬棉花胎 [pʰəŋ⁴⁵miĩ⁴⁵xua²¹tʰɛ²¹]

又称"蓬棉花"[pʰəŋ⁴⁵miĩ⁴⁵xua²¹]，一种将棉花制成棉被的工艺，原料可以是新棉也可以是旧棉。泰州地区将"棉絮"称为"棉花胎"。"蓬棉花胎"的主要工具是一张以牛筋为弦的大弓和一个木槌，以木槌敲击弓弦，震动使棉花逐渐蓬松，最后两面用纱线网套固定。泰州民间用作嫁妆的棉花胎，必须用象征喜庆吉利的红绿纱线网住，不可用白线。居民日用棉花胎，则不讲究纱线颜色。

纺车儿子 [faŋ²¹³tsʰa²¹a⁰tsɛ⁰]

手工纺纱或纺线的工具。手摇或脚踏使轮子转动，以带动纺锭，今已少见。纺线时，不能把棉条捏得过紧，也不能捏得过松。过紧会断线，过松则使纺线粗细不均匀。

5-85 ◆石桥

5-88 ◆梅兰东路

老粗布 [nɔ²¹³tsʰu²¹pu³³]

一种纯棉的粗布,泰州又称"老布" [nɔ²¹³pu³³]。透气性好,无静电反应,不易卷边十分耐用。深受泰州当地老年人的喜爱。

绣花线 [ɕiɤɯ³³xua²¹ɕiĩ³³]

绣花线的种类繁多,常用的有纱线、丝线、人造丝线、绒线等。根据绣法的不同,选择的绣线也要与之匹配。绣线的材质、粗细和颜色,对绣品的品质有重要影响。

织布机 [tsəʔ³pu³³tɕi²¹]

一种以棉花或蚕丝为原料织造整块布匹的工具。老式的织布机,操作复杂,须手脚并用。双脚交替踩踏左右踏板,以形成经线的交叉,两手来回穿插梭子带动纬线,与经线交织成布,有的工序则须两人合作完成。

5-86 ◆华庄

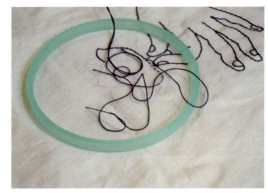

绣花绷子 [ɕiɤɯ³³xua²¹pəŋ²¹tsɛ⁰]

通常指圆形的手绷,由内外两个圆圈套合在一起,可将刺绣底料拉平整,适宜绣小件绣品。旧时的"绣花绷子"通常由竹、木制成,现泰州居民家中以塑料制最为常见。"绣花绷子"一般内圈固定,外圈有一开口,将底料绷上后通过旋螺丝可定松紧。

绣花 [ɕiɤɯ³³xua²¹]

即刺绣,一种以绣针引导彩线,把纹样绣在织品上的民间工艺。民间绣花针法复杂,图案多样,以牡丹、龙、凤等吉祥图案最受欢迎,但难度较大。泰州有民谣:"要打小号不费难,比不上描龙绣牡丹。牡丹绣在花绷上,看花容易绣花难。"旧时精湛的刺绣手艺,是姑娘相亲的重要资本。

泰州

伍·农工百艺

5-90 ◆梅兰东路

5-91 ◆梅兰东路

十字绣 [səʔ⁵tsʅ⁰ɕiɤɯ³³]

刺绣的一种，利用经纬交织搭十字的方法，对照专用的坐标图案进行刺绣，常用纱线和十字格布。泰州兴化非物质文化遗产"青布挑花"，大量采用十字绣的绣法，故又称"十字挑花"。

棉线槌子 [miĩ⁴⁵ɕiĩ³³tsʰuəi⁴⁵tsɛ⁰]

手工纺线用的工具，不到一尺，底部呈圆形，形似陀螺。纺车出现以前，纺线多使用棉线陀，泰州一些地方又称"捻线陀子" [niĩ²¹³ɕiĩ³³tʰɤɯ⁴⁵tsɛ⁰]。纺线时先捻出细线绕活结，固定在棉线陀竹棍末梢的凹槽处，然后一只手慢慢捻棉花，另一只手抓住棉线陀底盘，向同一方向转动将线纺成，绕于棉线陀上。

刺绣架子 [tsʰʅ³³ɕiɤɯ³³ka³³tsɛ⁰]

刺绣专业工具之一。上部为绣绷，多为长方形，起到固定绣布的作用。下部为两只三足绷凳，起支撑绣绷的作用。不同于圆形的绣花手绷，绣架通常用于绣制大幅绣品。

5-92 ◆溱潼古镇

剪纸 [tɕiĩ²³tsʅ²¹³]

用纸剪成人物、花草、鸟兽等形象，是民间手工艺代表之一，广泛应用于各种民俗节日。旧时泰州居民婚嫁，多请人用大红纸剪各式喜花，贴于箱、柜、被、枕等嫁妆上增添喜气。剪纸图案寓意美好，以鲤鱼、莲花、葫芦等最为常见。

刻天花钱儿子 [kʰəʔ³tʰiĩ²¹xua²¹tɕʰiĩ⁴⁵a⁰tsɛ⁰]

即门笺，又称"喜钱"[ɕi²¹³tɕʰiĩ⁴⁵]，新年贴在门楣上的剪纸，象征除旧迎新，祈福招财。形如旗幡，下有流苏，由题额、构图和背饰三部分构成。题额一般是"恭喜发财"之类，构图是元宝或"福"字这类主体图案，背饰则通常为古钱纹。泰州城里人用得较少，农村地区用得较多。张贴时一张一字，成套悬挂，一般以五张为多见。

泰州

伍·农工百艺

吹糖人儿子 [tsʰuəi²¹tʰaŋ⁴⁵zəŋ⁴⁵a⁰tsɛ⁰]

"吹糖人儿子"是泰州的一个老行当。把黏稠的麦芽糖稀放在手上揉成长条，从一端吹气，边吹边捏，能吹出十二生肖等各种形状，小贩们通常挑担沿街叫卖。因制作过程主要靠吹，故泰州有老话说"吹糖人的出身——好大口气"。

5-95 ◆泰州老街

画糖人儿子 [xua³³tʰaŋ⁴⁵zəŋ⁴⁵a⁰tsɛ⁰]

　　一种用糖作画的民间艺术样式。艺人用勺子舀起糖稀，在石板上浇出吉祥花果、飞禽走兽的线条，再用竹签粘之，待其冷却凝固后，用小铲子将糖画轻轻铲起，糖画即成。由于糖稀凝结较快，糖画艺人必须眼疾手快，一气呵成。"画糖人儿子"可吃、可看、可玩，深受儿童喜爱，泰州有俗谚曰："三个钱买个糖人儿，落吃落耍子"，形容有的吃有的玩，足见其受欢迎程度。

5-96 ◆泰州老街

中国语言文化典藏

炸炒米 [tsa³³tsʰɔ²³mi²¹³]

　　人坐在小板凳上，一手摇炒米锅，一手拉风箱，等气压达到一定程度后，将炒米锅塞进一个特制的麻袋，听到"嘭！"一声响，炒米就炸成了。

炒米机 [tsʰɔ²³mi²¹³tɕi²¹]

　　下面是炉子，由一根管子与风箱相连，有一支架，以之为支点可灵活移动。"炒米机"竖起来像颗炸弹，前面有个特别的装置，锅身中间大两头小，后面是把手，把手中间有个气压表，以确定何时出锅。

5-99◆梅兰东路

纸牌模子 [tsɿ²¹³pʰɛ⁴⁵mu⁴⁵tsɛ⁰]

泰州传统桥头纸牌的印刷模具，也称"长牌模子"[tsʰaŋ⁴⁵pʰɛ⁴⁵mu⁴⁵tsɛ⁰]。桥头纸牌外形窄长，历史悠久，唐朝时称"叶子戏"，现已列入泰州市级非物质文化遗产项目名录。"纸牌模子"一般为木质，刻有一至九的条、饼、万，红花、千字、白花以及福、禄、寿、禧、财5张百搭。外形古朴典雅、图案精致美观，能印出易于辨识的纸牌。

泥塑 [ni⁴⁵su³³]

一种泰州民间传统的雕塑艺术。以当地的黏土为主要原料，添加适量麻丝、棉絮等纤维材料和蜂蜜等黏合材料，以防"泥塑"干裂。"泥塑"多由手工捏制，必要时也辅以雕、塑等技法。图5-102是泰州稻河古街区老手艺人正在制作关公塑像。

5-102◆稻河古街区

做秤 [tsu³³tsʰən³³]

　　"做秤"是一门精细的手艺，包括选材、刨圆、打磨、包秤头、定刻度、钉秤花等十多道工序。"做秤"既要会木工活，又要懂数理知识。随着电子秤的推广普及，杆秤制作这种毫厘必究的纯手工活逐渐没落。即便如此，如今在泰州的老街小镇，依旧有制秤人坚守着传统行当，坚持手工制作杆秤。

做虎头鞋 [tsu³³xu²¹³tʰɯ⁰xɛ⁴⁵]

　　虎头鞋做工繁琐复杂，需经过剪、贴、插、刺、缝等几十道工序才能完成。鞋底的主要材料是袼褙，按鞋样的大小剪下一块，再将好看的布料缝在剪下的袼褙外。虎头图案是最耗时的，不同部位的虎头，需要用不同颜色的线一针一针绣上去。线的颜色搭配很讲究，如果配不好，则会"画虎不成反类犬"。

5-103◆黄桥古镇

杂货摊儿子 [tsæʔ³xu³³tʰɛ̃²¹aºtsεº]

　　卖日用百货的小摊。泰州的杂货摊"麻雀虽小，五脏俱全"，家居用品皆可购得。店内货品会展示在门口，一目了然。

5-105◆黄桥古镇

招牌 [tsɔ²¹pʰεº]

　　指挂在商店门前作为标志的牌子。有竖招、横招，也有在门前牌坊上横题字号的。有的在屋檐下悬置匾额，有的镶嵌于建筑物上，形式多样，各具特色。泰州黄桥老街上，有很多招牌。

5-104 ◆黄桥古镇

小卖部 [ɕio²¹³mɛ³³pu³³]

出售糖果、点心、饮料、烟酒等的小店。广泛分布在泰州城乡各处，以学校、小区、车站附近居多。现在，一些小卖部已逐渐被超市取代。

幌子 [xuaŋ²¹³tsɛ⁰]

多为长方形，下端饰有飘带或鱼尾。泰州的药店、茶店、酒店（卖酒的店铺）、米局等的"幌子"，一般悬挂在屋檐下，引人注目。

5-106 ◆泰州老街

5-109◆海陵北路

等盘儿秤 [təŋ²¹³pʰʊ⁴⁵a⁰tsʰən³³]

老式秤的一种，主要由秤杆、托盘和秤砣构成。用料和做工很讲究，秤杆须用质地坚硬、不易弯曲的木材制成，秤杆上刻有等分的秤星，秤星用金色或银色的金属点制而成。秤砣用表面光洁、无凹陷的金属材料制成。"等盘儿秤"便于携带，操作简单，从菜场称菜称粮，到药房称药，广泛应用在各种商业活动中。

5-110◆长生

斗 [tɤɯ²¹³]

量具，十升为一斗，今已少见。外形为口大底小的方形或鼓形，多用木头或竹子制成。一般用于计量米、黍等粮食。

磅秤 [paŋ³³tsʰən³³]

秤的一种。用金属制成，固定的底座上有承重的托盘或金属板，多用来称体积大、质量重的物品。磅秤配有重量不等的秤砣。称重时，先将物体静置于秤台上，增加右侧秤砣，同时左右滑动秤尺上的小滑砣，使秤尺平衡，物品重量等于秤尺上的标量与增砣标量之和。

5-107◆黄桥古镇

秤星儿子 [tsʰən³³ɕiŋ²¹a⁰tsɛ⁰]

指秤杆上的金属小圆点，是计量的标志，因形状似星星，故名。旧式十六两制秤的秤星，每一颗星代表一个星宿。秤星必须是白色或黄色，不能用黑色，寓意做生意要公平正直，不能黑心。民间认为若给人短斤少两会损阴德，少一两叫"损福"，少二两叫"伤禄"，少三两就叫"折寿"。

5-108◆海陵北路

升子 [səŋ²¹tsɛ⁰]

旧时用于量谷米、酒浆的器具。十合为一升，20 世纪 50 年代后逐渐被市秤取代，已成为难得一见的民俗旧物。泰州有俗谚"七合头的升子八合头的命，有了九合就生病"。

5-111 ◆长生

酒端子 [tɕiɤɯ²¹³tõ²¹tsɛ⁰]

一种沽酒的器皿。传统"酒端子"为竹质，筒形，竹节留一条长边，弯成柄。现在最常见的是金属或塑料材质。"酒端子"容积大小不一，常见的有一两、二两和半斤。一般挂在酒坊的酒缸边。

5-112 ◆海陵北路

粮油店 [niaŋ⁴⁵iɤɯ⁴⁵tiĩ³³]

即粮行，经营粮食、油料的商行。旧时泰州地区是粮食集散中心，江南、江北的粮食行情都视泰州、姜堰、溱潼的粮市而定。以至于容器称"泰斛"，衡器称"泰秤""姜秤"。旧时，泰州粮行主要经营六种隔年粮油，故又称"陆陈行"。以代客买卖粮油、收取佣金为主要经营方式，当时著名的"陆陈行"多达数百家。

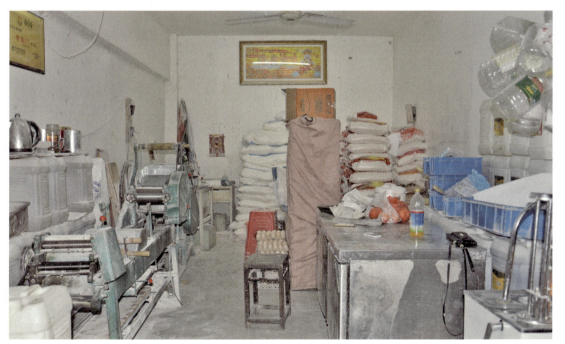

5-113 ◆溱潼古镇

5-114◆板桥路

铁匠铺 [tʰiɪʔ³tɕiaŋ³³pʰu³³]

　　锻造铁器的铺子。铁匠铺里至少要有两个人，一个师傅，一个徒弟。师徒配合锻打、拉风箱、淬火。"孔泰和铁匠店"是泰州有名的铁匠铺，20世纪40年代至50年代初，在泰州、扬中、江都等地都有分号，专营各种刀具。孔泰和的刀具十分锋利，因此有俗语"孔铁匠的铲子——快"。现在，随着农村土地流转和农业机械化推广，农具需求量锐减，铁匠铺已越来越少见。

5-115◆海陵北路

布店 [pu³³tiɪ̃³³]

　　经营纺织面料的店铺，旧时又称"布庄"。泰州布业发展较早，辛亥革命前夕，"布店"已有20多家，较大的有胡厚丰、福和裕、天丰源、义源祥等。那时泰州北门外的彩衣街，是绸布业集散中心。

当铺 [taŋ³³pʰu³³]

抵押机构、典当业的经营场所。旧时泰州人心目中商业行当的排序是：一当铺，二钱庄，三油坊，四布庄，可见当铺地位之重要。1949年以前，泰州规模较大的当铺有衡泰、元大、恒章、熙余、裕厚、恒泰、勤业、豫晋8家。姜堰的南当铺（见图5-116），始创于清咸丰年间，由镇江人士张少儒独资创办，字号"恒章典"。因坐落于南大街，故名南当铺。

音像店 [iŋ²¹ɕiaŋ³³tiĩ³³]

出售或出租碟片的店铺。20世纪八九十年代，泰州人无论是年轻学生，还是年迈老人，几乎人手一台随身听或 CD 机，播放自己喜欢的音乐或戏曲。音像店是人们文娱生活的重要组成部分。但随着网络下载的流行，音像店受到很大冲击。目前，泰州市区音像店仅剩下不到 10 家。

牌匾店 [pʰɛ⁴⁵piĩ²¹³tiĩ³³]

制作牌匾的作坊。制匾有上灰、过腻、上布、上麻、漆雕、贴金等 40 多道工序。匾额有堆漆、螺钿、贴金等多种款式，制字有凸、凹、走边等多种式样。泰州兴化的"袁万隆油漆牌匾坊"远近闻名，始于清朝乾隆年间，传承至今已有 13 代。兴化大型古典建筑"四牌楼"上所悬 47 方匾额中，有 37 方出自袁氏族人之手。北京大学、北京同仁堂、天趣阁、一得阁等知名匾额皆由"袁万隆油漆牌匾坊"制作。此外，还为台湾、上海、福建等地的庙宇、祠堂等制作过多幅精美匾额。

5-120 ◆ 鹿庄

养鸭子 [iaŋ²¹³æʔ³tsɛ⁰]

泰州河汊纵横，螺、鱼虾、水草丰富，养鸭较多。泰州鸭农将小鸭群散放在河沟任其自由觅食，大鸭群圈养与放养相结合。鸭农多选在清明和立秋前后捉鸭苗，清明前后的鸭苗最好。稻子收割时，放鸭入田，啄食散落的稻粒。

养鸡子 [iaŋ²¹³tɕi²¹tsɛ⁰]

泰州农村地区以养母鸡为主，公鸡除留下一两只配种、打鸣报时外，大多宰杀待客。过去，鸡蛋是招待客人、探亲访友的佳品，还可用来换取油盐酱醋等。因此鸡被称为农家"小银行"。

养鹅子 [iaŋ²¹³ɤɯ⁴⁵tsɛ⁰]

泰州地区养鹅的人家较少，养户不过万分之一二。多为观赏或看夜鹅，品种有白鹅、灰鹅等。

5-121 ◆ 鹿庄

5-119 ◆ 鹿庄

219

拉鱼 [na²¹y⁴⁵]

　　用拉网捕鱼。拉网兼有拖网和围网的作用，适合在江河湖泊中使用。泰州民间常用"焐糁子"的方式"拉鱼"。在秋季将枯木、山芋藤、瓜藤等抛入河中，吸引鱼聚集其中。入冬之后，拉网捕捞，可以有几十斤至上百斤的渔获。

5-122 ◆鹿庄

渔叉 [y⁴⁵tsʰa²¹]

　　泰州渔民捕鱼的工具，多为金属制成，也有竹木制的。有的渔叉前端带有倒刺，以防鱼挣脱。在渔叉上装上竹竿、木棒，以增加长度。

5-123 ◆海陵北路

渔网 [y⁴⁵uaŋ²¹³]

　　泰州渔民捕鱼用的工具。可分为提网、扒网、抬网等，是渔家的必备品。泰州有民谚"吃鱼没得取鱼乐"，说的是渔民张网捕鱼，满载而归的欢乐。

鱼篓子 [y⁴⁵nɤɯ²¹³tsɛ⁰]

　　泰州居民盛鱼或捕鱼用的容器，多用竹子编制。一般为框形，也有做成袋状的。有些鱼篓还装有防止鱼跳出的装置。

5-124 ◆海陵北路

5-126 ◆海陵北路

拖网 [tʰɤɯ²¹uaŋ²¹³]

渔网的一种。依靠渔船动力拖曳，将鱼、虾、蟹、贝等拖捕入网，是泰州地区渔民捕鱼的主要工具。

渔船 [y⁴⁵tsʰũ⁴⁵]

泰州地区河网密布，盛产鱼、虾、鳖、蟹等多种水产。泰州的渔船多为木船，中舱上有篷，成拱形。船舱里塞两三床被子，可供一家人过夜。船头设有土灶，支上锅可以烧饭。有些渔船上还养鸬鹚捕鱼，本地人称其为"丫子船"[a²¹tsɛ⁰tsʰũ⁴⁵]。

泰州

伍·农工百艺

鱼塘 [y⁴⁵tʰaŋ⁴⁵]

养鱼的池塘。泰州境内河网密布，湖泊众多，素有"水产之乡"的美誉。鱼塘产业发达，拥有闻名遐迩的"溱湖八鲜"（籪蟹、青虾、甲鱼、银鱼、大小四喜鱼、螺贝、水禽、水蔬）和"江三鲜"（河豚、鲴鱼和刀鱼）等特色水产。

酒坊 [tɕiɤɯ²¹³faŋ⁰]

私人经营的小型酿酒作坊，使用传统方式酿酒。一般是前店后坊的模式，前面卖酒，后面酿酒。旧时泰州的酒坊业十分兴盛，光绪年间，泰州酿酒作坊已有 20 多家，酿酒 7000 多担。如今，传统的酒坊已不多见了。

酒窖子 [tɕiɤɯ²¹³kɔ³³tsɛ⁰]

即窖池，酿酒必备设施之一，粮食在窖池中经过发酵变成蒸馏用的酒糟。窖龄越长，窖池内的微生物和香味越多，酿造的酒也越好。因此，泰州有"千年老窖万年糟，酒好全凭窖池老"的说法。

酒药子 [tɕiɤɯ²¹³ia²⁵tsɛ⁰]

即酒曲，是酿酒的关键。以磨碎或压碎的谷物为原料，在一定的温度、湿度下，使微生物（主要是霉菌）生长其上而制成。酿酒过程中，酒曲同时起到糖化和发酵作用。

酿酒 [niaŋ³³tɕiɤɯ²¹³]

泰州酿酒工艺历史悠久，以酿造芝麻香型白酒为主。酿造要经过高温堆积、发酵、蒸馏等工序，还要在百年酒坛中长期储藏。泰州的粮食产量高、水资源丰富，为酿酒业的发展提供了有利条件，宋代就酿出了美酒"雪醅酒"，声名远播，名噪一时。

炒货店 [tsʰɔ²¹³xu³³tiĩ³³]

经营或制作炒货的店铺。以炒制坚果类食品为主，如瓜子、花生、核桃等，供人们闲暇时享用。生意有季节性，夏天生意冷清，冬天尤其是春节前后，炒货店生意最好。

陆·日常活动

泰州是历史文化名城，《吴陵志》记载："（海陵百姓）情多朴野，耻以浮落相夸，鲜出机巧。茅茨陋巷弦诵相闻，蔚然有文雅之风。"朴实厚道、文明重教的民风，渗透在泰州人的日常生活中，体现了这座城市的文化品位和人文魅力。

泰州民间注重宴席礼节。旧时大户人家请客，数日前就要下帖子。宾客来访，落座沏茶时，有"酒满斟，茶半杯"之说。吃饭时，宴席餐桌摆放、客人入座主次等都有讲究，所谓"吃饭要上规矩"。

泰州民间的娱乐活动丰富多彩。许多虽已难溯其源，却流传至今。"泰兴花鼓""挑花担子崴花船"雅俗共赏，"滚铁圈儿子""掼蛋"妙趣横生，"说鸽子""棒头人儿戏"等活动妙不可言，构成了泰州独特的民俗画卷。在电脑和游戏机还不普及的年代，

中国语言文化典藏

孩子们边唱着童谣，边在院子里嬉戏："白鸽鸽，跳上铺，怀里个，脚里个，挤挤夹夹好暖和""炒豌豆，炒蚕豆，咯剥咯剥翻跟斗"……

泰州宗教文化源远流长，古寺名刹，成为古城的一大特色。泰州有佛教、道教、伊斯兰教、天主教与基督教等，其中佛教文化最为深厚。本地高僧辈出，庙宇之多，用"十步一庵堂，百步一寺院"来形容并不为过，其中南山寺、光孝寺、庆云禅寺等声名远扬。每年"香期"，泰州百姓三五成群，逛庙、敬香、拜菩萨。正月初一"烧头香"，初五"抢财神"，八月十五"敬月亮"……民间有谚"急来抱佛脚，病来求菩萨"，宗教文化体现在泰州百姓日常生活的方方面面，也寄托着人们祈求平安、健康的美好心愿。

6-3◆泰州老街

摆酒席 [pɛ²³tɕiɤɯ²¹³ɕiɹʔ⁵]

因某种需要举行的宴饮聚会，包括婚宴、寿宴、接风宴、饯别宴等。泰州人招待客人、办喜事、庆节日等，摆席必备酒，无酒不成席，以酒助兴，故称"摆酒席"。

请客 [tɕʰiŋ²¹³kʰəʔʔ³]

即宴请客人。旧时，大户人家请客，一般在数日前就下帖子；平民百姓则多口头相邀，先约后请。主人须在大门外迎候，引客人入座，客人正式落座称为"上台子"。现在，泰州请客的习俗已简化。

6-1◆长生

6-2◆泰州老街

6-5◆石桥

会餐 [xuəi³³tsʰɛ̃²¹]

即集体聚餐,是重要的社交活动。除了享受美食,还能交流感情,增强集体意识和团队凝聚力。

碰杯儿 [pʰəŋ³³pəi²¹a⁰]

饮酒前举杯轻轻相碰,表示祝贺或欢迎等,是酒宴上的一种礼仪。"碰杯儿"讲究颇多:与长辈碰杯时,杯口应尽量低于对方酒杯的二分之一,一般不超过三分之二,以示谦恭;与同辈或关系很好的朋友碰杯时,杯口可稍低于对方或在一条水平线上,既随和又不失庄重。泰州民间有"酒满斟,茶半杯"的俗语。碰了杯就要喝完,叫"碰杯即干"。

上座 [saŋ³³tsʰu³³]

"上座"指受尊敬的座位,一般是坐北朝南、正对大门的位置。这是因为泰州民居的大门通常朝南,朝南的方向接受阳光最多、时间最长,位置最好。通常身份最尊贵的人坐"上座":请客时,客人坐"上座";家庭聚餐时,长辈坐"上座"。其余的人按照身份、年龄依次排列,以右为上。

吃早茶 [tsʰəʔ³tsɔ²¹³tsʰa⁴⁵]

"吃早茶"是泰州重要的饮食习俗。"吃早茶"大致分为四道:第一道喝茶水,品茶开胃;第二道品干丝,旧时为"烫干丝",现在又发展出"煮干丝";第三道吃点心,如蟹黄包、肉包、蒸饺、烧卖等;最后一道是鱼汤面,鱼汤用鲜鱼和黄鳝骨煨制而成,浓白如乳,非常鲜美。

6-4◆长生

6-6◆泰州老街

6-7 ◆泰州老街

茶馆店 [tsʰa⁴⁵kõ²¹³tiĩ³³]

即茶馆，供人品茶、"吃早茶"的店。泰州最老的"茶馆店"是"广胜居"，诗人赵瑜的《海陵竹枝词》写道："米粮涨落通城事，一碗清茶广胜居。"那时候，茶馆的服务员叫"跑堂"，负责雇跑堂的领班叫"拿交易的"。

6-10 ◆永泰路

梳揪儿子 [su²¹tɕiɤɯ²¹a⁰tsɛ⁰]

女士发型的一种。把聚拢起来的头发用皮筋扎住，然后把头发朝一个方向拧，拧紧盘成圆形，再用皮筋固定。

6-8◆海陵北路

茶壶 [tsʰa⁴⁵xu⁴⁵]

用来泡茶的壶，多为紫砂、陶瓷、玻璃、不锈钢等材质。茶壶宜小不宜大，宜浅不宜深。好茶壶要做到"三山齐"，即壶柄、壶纽、壶嘴在一条线上。图6-8为铁壶，壶身有喜鹊登梅枝的纹饰，寓意"喜上眉梢"。

6-9◆海陵北路

茶杯儿子 [tsʰa⁴⁵pəi²¹a⁰tsɛ⁰]

盛茶水的器具。外壁常绘有四季花草、人物等，品茶的同时还可欣赏、把玩。旧时泰州人喜欢听说书，收费以茶杯为数。听者进场后，跑堂的便为每位泡上一杯茶，中场休息时根据茶杯数收费。

梳辫子 [su²¹pʰiĩ³³tsɛ⁰]

也称"打辫子"[ta²¹³pʰiĩ²¹tsɛ⁰]。把头发均匀分在左右两边，用两根皮筋固定在辫子根部。然后从辫子根部把头发分成三股或五股，按照一股压一股的方法往下编，直至发端。辫子编好后形状像麻花，小女孩常梳这种发型。

6-11◆永泰路

赶集场 [kũ²¹³tɕiɪʔ⁵tsʰaŋ²¹³]

泰州一些村或乡镇，有定期举办"集场"的习俗。期间，周围乡村居民纷纷去赶集会，置办东西，称"赶集场"。"赶集场"是泰州农村地区重要的活动，如今依旧很受欢迎。

集场 [tɕiɪʔ⁵tsʰaŋ²¹³]

赶集的场所。旧时泰州地区的"集场"十分热闹，地方气息浓厚，有卖艺的（兼卖膏药）、耍猴的、吹糖人的、耍马戏的、说书的等，现在的"集场"更加商业化，缺少风俗民情。

6-14◆鼓楼北桥

下象棋 [ɕia³³ɕiaŋ³³tɕʰi⁴⁵]

棋类运动的一种。泰州中老年人尤其是退休老人十分喜爱。闲来无事时，约上三五好友或附近邻居，大"杀"一场，载兴而归，充满乐趣。

下围棋 [ɕia³³vəi⁴⁵tɕʰi⁴⁵]

两人对弈的一种棋类运动。持有黑子的一方先开始，按照轮流下子的规则进行，也可以放弃下子，最后"占地盘多"的一方取胜。泰州地区许多孩子在很小的时候，就在辅导班学习下围棋，因为许多父母觉得下围棋可以开发孩子的智力，培养孩子的思维能力。

下五子棋 [ɕia³³ɣɯ²³tsɿ²¹³tɕʰi⁴⁵]

两人对弈的棋类益智游戏，棋具可与围棋通用。一般黑子先开始，轮流下子，先将五子连成一行者获胜。玩法简单，老少皆宜。

6-16◆府前路

6-15◆府前路

泰州 陆·日常活动

233

6-17 ◆鼓楼北路

6-18 ◆永泰路

打扑克 [ta²¹³pʰɔʔ³kʰəʔ³]

也称"打扑克牌" [ta²¹³pʰɔʔ³kʰəʔ³pʰɛ⁴⁵]。是泰州民间男女老少都喜欢的文娱活动，打法多种多样，泰州常见的有"掼蛋" [kõ³³tɛ̃³³]、"争上游" [tsən²¹saŋ³³iɤɯ⁴⁵]、"斗地主" [tɤɯ³³ti³³tsu²¹³] 等。

争上游 [tsən²¹saŋ³³iɤɯ⁴⁵]

一种简单的扑克牌玩法。第一个出完牌的人为胜者，即"上游"，最后一个出完牌的人为输家。玩"争上游"时，每人都要想办法阻止其他人出牌，同时又要保存实力，争取自己先把牌出完。

打纸牌 [ta²³tsʅ²¹³pʰɛ⁴⁵]

泰州地区的特色纸牌类游戏。共 120 张，分为万、条、饼 3 大类，红花、千字、百花 3 大将，另有 5 张百搭，即福、禄、寿、喜、财。旧时，"打纸牌"很流行。现在，只是老年人的消遣方式。

6-21 ◆华庄

6-19 ◆海兰东路

6-20 ◆鼓楼北路

斗地主 [tɤɯ³³ti³³tsu²¹³]

由"争上游"改造而来，一般有 3 个玩家，其中一方为"地主"，其余两家为另一方，双方对战，先出完牌的一方获胜。

掼蛋 [kũ³³tɛ̃³³]

由"争上游"和"八十分"演化而来，牌局采用 4 人结对竞赛、输赢升级的方式进行。使用两副牌（108 张），每位游戏者 27 张牌。"掼蛋"现已风靡泰州，亲朋好友聚餐时，饭前经常"掼蛋"，因此有顺口溜："吃饭不'掼蛋'，等于没吃饭。"泰州每年都会举办上百场规模不一的"掼蛋"竞赛。

打麻将 [ta²¹³ma⁴⁵tɕiaŋ³³]

泰州打麻将带有浓郁的地方特色，主流麻将技法有"缺一门"和"卡子麻将"两种。"缺一门"，即和牌时必须至少缺万、饼、条其中的任一门。"卡子麻将"，以数卡子来定输赢，和牌的前提条件是必须有卡，只能和一张牌，听牌后才能和牌。

6-22 ◆华庄

6-23 ◆泰州老街

木刀 [mɔʔ⁵tɔ²¹]

　　小孩用来玩打仗游戏的兵器玩具，有砍刀、两刃刀等。上装一根竹棍或木棍作为刀柄，孩子们模仿舞台上的武将，挥舞拼杀。木刀上往往有彩绘。尽管现代新材料、新工艺的玩具琳琅满目，但传统木刀依然深受孩子们的欢迎。

6-24 ◆泰州老街

木剑 [mɔʔ⁵tɕiĩ³³]

　　小孩玩具。桃木剑是旧时神棍表演、道士驱鬼的道具。现代木剑仍可以当玩具，也可以当工艺品。

6-27 ◆泰州老街

纸风车 [tsɿ²¹³foŋ²¹tsʰa²¹]

　　一种利用风力转动的玩具，深受儿童喜爱。纸风车制作简单，用彩纸制成风轮，竹管制成转轴，装在秫秸上。有的纸风车还装有鼓槌、小鼓，转动时鼓槌敲打小鼓，叮叮咚咚，十分有趣。

6-25 ◆永泰路

纸飞机 [tsɿ²¹³fəi²¹tɕi²¹]

用纸折成的玩具飞机。儿童玩纸飞机,通常将机翼折成尖头三角形,单手用力,向上向前抛出,看谁的纸飞机飞得远。

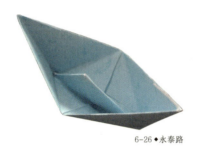

6-26 ◆永泰路

纸船 [tsɿ²¹³tsʰũ⁴⁵]

一种用纸折成的船形玩具。现在许多小学开设的手工课都会教授折纸。有孩子喜欢将纸船收集起来,送给朋友当礼物,表达自己对朋友的祝福;也有孩子将纸船放在溪流或小河中并许下愿望。

掼炮 [kʰuɛ̃³³pʰɔ³³]

用烟盒纸、废旧报纸等叠成的小方块。掼"掼炮"时两人各出一个"掼炮",用"石头剪刀布"确定谁先掼,先掼的人将自己手里的"掼炮"使劲向地上摔,如果将地面上另一个"掼炮"翻过来就赢了,还能得到那枚被掀翻的"掼炮"。

6-28 ◆永泰路

6-29 ◆泰州老街

弹弓 [tʰɛ⁴⁵koŋ²¹]

本是先民的一种狩猎工具，后来逐渐演变为少儿手中打鸟的玩具。20世纪六七十年代，泰州农村男孩儿几乎人手一把弹弓，主要用来打麻雀。常见的玩法是用塑料弹珠或小纸团击打目标。弹弓一般用树木的枝丫制成，呈"丫"字形，上面两头系上皮筋，皮筋中段系上一包裹弹丸的皮块。皮筋拉力越大，弹弓的威力也越大。

拨浪鼓儿子 [pɔ²¹naŋ³³ku²¹³a⁰tsɛ⁰]

一种传统的民间乐器和儿童玩具。主体是一面小鼓，两侧缀有两枚弹丸，鼓上装有小柄，转动鼓柄弹丸击鼓发出声音。鼓身多为木质或竹质，鼓面为羊皮、牛皮、蛇皮等，其中以木身羊皮面的最为经典。

6-30 ◆泰州老街

中国语言文化典藏

戏台子 [ɕi³³tʰɛ⁴⁵tsɛ⁰]

泰州地区的戏台子一般为木结构建筑，有单层的，也有双层的。在乡村庙会、船会等重要场合，各村镇都会找一块空地搭一个戏台子。有的戏台子两边还用彩绳缠成花格子，悬挂各种饰品。

6-33 ◆庆云禅寺

笑佛儿子 [ɕiɔ³³fə⁵ʔɛ⁵a⁰tsɛ⁰]

即弥勒佛，佛教菩萨之一，深受中国大乘佛教的推崇。泰州的寺院大多供奉一尊袒胸露腹、喜笑颜开的笑佛。

观音菩萨 [kuɛ̃²¹iŋ²¹pʰu⁴⁵sæʔ⁰]

众多菩萨中，观音菩萨在泰州的影响最大。泰州民间有三个敬奉观音的宗教节日：二月十九诞生日，六月十九成道日，九月十九出家日。每逢这三个日子，信众都会去拜观音，各观音庙香火极盛。靖江孤山寺内有一座 8 米高的汉白玉观音像，堪称江苏省汉白玉观音像之最。

如来佛 [zu⁴⁵nɛ⁰fə⁵ʔ⁵]

"如来"是释迦牟尼的十种称号之一，意思是从如实之道而来，开创并揭示真理的人。泰兴千年古刹庆云禅寺大雄宝殿内供奉有如来佛。

6-32 ◆庆云禅寺

6-34 ◆泰州老街

十八罗汉 [səʔ³pæʔ³nu⁴⁵xɛ̃³³]

　　佛教对传说中奉释迦牟尼之命常住人世的十六个弟子和降龙伏虎两罗汉的合称。在泰州寺庙较为常见，一般供奉在大雄宝殿两侧。清代泰州雕塑名家吴广裕所塑净因寺十八罗汉，粉面彩身，状如常人。

泰州　陆·日常活动

6-37 ◆光孝寺   6-38 ◆光孝寺

哼哈二将 [xən²¹xa²¹ər³³tɕiaŋ³³]

佛教中守护庙门的两个神，形象威武凶猛。一名郑伦，能鼻哼白气制敌；一名陈奇，能口哈黄气擒将。图中是泰州光孝寺山门殿供奉的"哼哈二将"，东侧闭口的是"哼"，西侧开口是"哈"。

四大金刚 [sֿ³³ta³³tɕin²¹kaŋ²¹]

佛教中的四位天神。即东方持国天王，身为白色，手持琵琶；南方增长天王，身为青色，手握宝剑；西方广目天王，身为红色，手缠赤龙；北方多闻天王，身为绿色，左手卧银鼠，右手持宝伞。在民间，四大天王被赋予了"风调雨顺"的含义，反映出农业社会人们对丰收的渴望。

6-39 ◆光孝寺   6-40 ◆光孝寺

6-41 ◆石桥

6-42 ◆石桥

土地老爷 [tʰu²¹³ti³³nɔ²¹³i⁰]

也称"土地公公"[tʰu²¹³ti³³koŋ²¹koŋ⁰]，是掌管土地的神祇。旧时泰州几乎每个村庄都有供奉"土地老爷"的小庙，每当麦子上场、黄秧落地、青苗发旺时，各村多举办青苗会，以木偶戏、"说鼓儿书"等形式祭祀"土地老爷"，祈求五谷丰登、六畜兴旺、风调雨顺。每逢初一、月半，乡间耆老也会到土地庙烧香敬酒祭祀"土地老爷"。

土地奶奶 [tʰu²¹³ti³³nɛ²¹³nɛ⁰]

泰州居民建土地庙，按时祭供"土地老爷"，有的村庄还同时祭祀"土地奶奶"，神柜上常将二者成对供奉。"土地奶奶"作为"土地老爷"的配偶，和"土地老爷"共同执掌一方土地。

灶王老爷 [tsɔ³³uaŋ⁴⁵nɔ²¹³i⁰]

掌管祸福财气的神祇。相传每年的腊月二十四，灶神都要上天庭述职，向玉帝报告人间的功过，以决定人间的祸福。因此旧时每年的这一天，在泰州乡村地区，百姓都会在家中的灶神牌位前，供一碗嵌七粒红豆的糯米饭、一碟灶糖和豆腐、一碟剪短的稻草和酒糟，在灶柜旁边贴上对联，内容为"上天言好事，下界保平安"，称"送灶神"。送"灶王老爷"时，还要供奉纸马和道观所送的灶疏，灶疏上写家主姓名、籍贯与家中人口。家主点燃香烛叩拜后，将纸马、灶疏在锅膛内焚化。除夕时，泰州地区还有迎接灶神的仪式，与送灶仪式类似。

6-43 ◆石桥

泰
州

陆·日常活动

243

6-44 ◆ 溱潼古镇

6-45 ◆ 光孝寺

门神 [mən⁴⁵sən⁴⁵]

农历新年贴在门上的神像。贴门神是我国的传统习俗，最早可以追溯到周代。门神要成对贴在门的两侧，泰州地区是在除夕下午贴春联、门神。

财神菩萨 [tsʰɛ⁴⁵sən⁰pʰu⁴⁵sæʔ⁰]

道教信奉的掌管钱财的神祇。过去泰州百姓家中神柜上多见足踏铜钱、手捧元宝的财神菩萨塑像。店铺开张时，要选择吉日燃香烛敬财神菩萨。相传正月初五为财神菩萨的生日，这一天敬财神要早，方能抢到财神，所以敬财神又叫"抢财神"。初四夜间，商家携带香烛纸马，前往财神庙带回纸箔糊成的"元宝"，挂在家中神柜上，然后焚香点烛，燃放鞭炮，跪拜行礼，举家互道恭喜。天明后，全城商肆开门营业。

6-46 ◆ 光孝寺

关老爷 [kuɛ̃²¹nɔ²¹³i⁰]

关公由于忠义武勇被人们拥奉爱戴，"儒称圣，释称佛，道称天尊"，因其讲义气、重信用，还被商家作为守护神供奉，称"武财神"。泰州民间称关公为"关老爷"，有熟语"关老爷卖豆腐——人硬货不硬""关老爷面前舞薄刀"等，表明了当地居民对关老爷的敬爱。

城隍老爷 [tsʰəŋ⁴⁵xuaŋ⁴⁵nɔ²¹³;i⁰]

城区的守护神，阴间的地方长官。泰州城的城隍老爷为海陵忠佑侯，一说为岳飞，一说为张士诚，都是泰州民间尊崇的正人直臣。泰州今存城隍庙，又称邑庙，为旧时供奉城隍老爷的场所，始建于唐代，北宋与明清时期数次重修。大殿正中供奉城隍海陵忠佑侯坐像，像前大经桌上放置高大的香炉烛台。

6-47 ◆ 城隍庙

庙 [miɔ³³]

泰州是苏北地区的佛教圣地，唐、宋香火极盛时，全境寺庙达五百多座。1949 年泰州城区佛教场所有 146 处，其中 14 寺、20 庙、97 庵、其他 15，这些场所现大多已被拆除。泰州现存的庙宇多为当代建筑。

6-48 ◆ 祥泰路

城隍庙 [tsʰəŋ⁴⁵xuaŋ⁴⁵miɔ³³]

泰州的城隍庙，位于鼓楼街东侧。相传始建于唐代，北宋和明代三次重修，大殿在清朝又经过两次重修，是泰州现存最大的庙宇建筑群，也是江苏省内规模最大、保存最完好的城隍庙。该庙坐北朝南，左右对称，建筑风格与泰州旧时官衙类似。气势宏伟，香火旺盛。

6-49 ◆邑庙街

6-50◆鼓楼南路

尼姑庵 [ni⁴⁵ku²¹ɛ̃²¹]

泰州最大的尼姑庵是"古准提庵"。建造年份不详,明代称"准提庵",清代改称"佑生祠"。因庵中供奉的是东岳大帝的女儿、泰山女神碧霞元君,所以又名"泰山庙""泰山行宫",俗称"奶奶庙"。在苏北一带,碧霞元君是拯救水患灾民的神灵。古代泰州近江靠海,地势低平,经常遭受水涝灾害,因此建庵供奉碧霞元君。1928年复称"古准提庵"。

管王庙 [kṍ²¹³uaŋ⁴⁵miɔ³³]

位于城北篮子行街(今海陵北路),是明初两淮盐工所建。一是为纪念盐政之祖管仲,二是作为盐工歇脚之所。明初的泰州城,盐务发达,盐工众多,因此建"管王庙",实为"盐宗庙",是淮南地区最早祭祀盐宗的庙宇。

6-52◆海陵北路

光孝寺 [kuaŋ²¹ɕiɔ³³ʂʅ³³]

江淮名刹，始建于东晋义熙年间，是泰州文化古城的象征。主要建筑有山门殿、天王殿、最吉祥殿（即大雄宝殿）、藏经楼等。南宋绍兴八年（1138年）宋高宗为徽宗设道场，敕改名为报恩光孝禅寺。

菩萨窠儿子 [pʰu⁴⁵sæʔ⁰kʰu²¹a⁰tsɛ⁰]

即菩萨龛，供奉菩萨神像的小木阁子。泰州信奉神佛的人家，大都会请一尊菩萨龛回来供奉。菩萨龛的摆放比较讲究，最好坐西朝东，摆在清净、整洁的地方；要靠墙，但墙的隔壁不能是厕所或厨房；还有三不向：不向厕所、不向房门、不向饭桌。菩萨龛前的供品只能是鲜花或水果，上香以三支为宜。

香案 [ɕiaŋ²¹ɛ̃³³]

一般置于堂屋、祠堂、寺庙内，上面摆放香具、祭品等。多为长条形高案，有卷书式、翘头式和平头式三种。每年中秋节，泰州居民会在月下摆香案，用月饼祭祀月亮，向嫦娥祈求吉祥。兴化当地举行"昭阳庙会"时，家家户户都会在门前摆香案、列供果，叩拜昭阳神像。

泰州

陆·日常活动

6-55◆黄桥古镇

6-56◆光孝寺

香炉 [ɕiaŋ²¹nu⁴⁵]

泰州地区宗教、祭祀等活动的重要供具之一，多为铜质、铁质。一般置于香案上，内插焚香，以敬神供佛。形状上常见方形或圆形，也有制成麒麟、狮子、仙鹤等鸟兽造型的，叫作"香兽"。焚香时，香燃于鸟兽腹内，香烟从鸟兽口中飘出。

斗香架子 [tɤɯ²¹³ɕiaŋ²¹ka³³tsɛ⁰]

"斗香架子"用于固定斗香，使香在燃烧时抗风，更利于充分燃烧。"斗香"是泰州百姓中秋拜月、除夕守岁时烧的一种香。呈塔形，有五至十几二十层不等，顶部用四角或六角的"斗"形彩纸装饰，故得名。旧时每到中元节，泰州街道前后都扎有灯牌楼，楼前摆斗香架，楼后设焰口台，中间有布幔，下悬各式灯盏，以纪念亡者。

香 [ɕiaŋ²¹]

用木屑添加香料、药剂、黏合剂制成的细条，主要有棒状和圆盘状，用于礼佛祭祖、驱赶蚊虫等。立香（见图6-56）常见于泰州寺庙，用于礼佛。敬香时以三炷为准，插于香炉内，炷与炷之间不过寸宽为宜，故民间有"烧香不过寸，过寸神不信"的谚语。旧时姜堰"迎神赛会"时，跟在队伍后面，烧香还愿的香客多达数百人。队伍所经之处，沿街商家住户纷纷燃香迎候，以示敬重。

香座 [ɕiaŋ²¹tsʰu²¹]

一种焚香用具，用来放香、承接香灰，使香不易倾倒。香座材质丰富，有瓷、玉、石等；造型多样，有弥勒、树桩、莲花等。图6-59所示的是泰州地区专门用来盛放塔形"斗香"的香座，多由竹片编成。

6-60◆板桥路

6-59◆临湖禅院

6-58 ◆城隍庙

6-57 ◆光孝寺

蜡烛台子 [næʔ⁵tsɔʔ³tʰɛ⁴⁵tsɛ⁰]

插蜡烛的底座，带尖钉和承盘。兴化旧时兴用锡器，故烛台多为锡制，闺女出嫁时通常陪送一对锡制烛台。锡制烛台工艺精美，有龙凤台、福寿台等造型，上面镌刻文字或花鸟、仕女等图案。

蜡烛 [næʔ⁵tsɔʔ³]

旧时泰州百姓的日常照明工具，也用于宗教节日、红白喜事等。民间有俗语"蜡烛不点不亮"，喻指有的人不识相，非要尝到苦头或受到教训才知道好歹。燃烧蜡烛易引发火灾，过去接近年关，泰州地保会沿街高声吆喝："蜡烛花儿搛搛，烟袋头儿磕磕，水缸满满……"，提醒民众小心火烛、烟袋头，防患未然。泰州境内无高山，故在重阳节，人们点蜡烛灯、吃重阳糕，用"点灯""吃糕"寓意"登高"。

请香 [tɕʰiŋ²¹³ɕiaŋ²¹]

即买香。旧时过春节，民间有"请香"、上香、送年礼等习俗。泰州地区佛教文化深厚，庙宇众多，南山寺、光孝寺都是"请香"许愿的好去处。

念经 [niĩ³³tɕiŋ²¹]

即诵经。有单念和合念两种，有的规定音韵行腔，如唱如诉，宛若诗词吟咏。乡人请求僧道念经，多为避祸迎福、消灾除难。旧时，泰兴人去世后第十四日，请僧道念经，称为"二七斋"。

6-61 ◆城隍庙

6-62 ◆临湖禅院

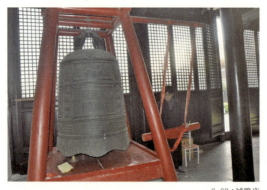

6-63 ◆城隍庙

6-64 ◆城隍庙

撞钟 [tsʰuaŋ³³tsoŋ²¹]

寺庙日课的一项，用于报时警众。晨钟催人起，晚钟催人息。如今，撞钟祈福成为泰州备受推崇的一种迎新方式。每年除夕夜，泰州光孝寺、南山寺、姜堰古寿圣寺等多处宗教场所，法师与民众共同敲响108记吉祥钟声，祈求风调雨顺、国泰民安。

拜菩萨 [pe²¹pʰu⁴⁵sæʔ⁰]

向菩萨行礼，祈求保佑。泰州统称各种神佛为菩萨。每逢诸神的诞生日或得道日，泰州人携香烛到庙里"拜菩萨"，烧香、叩拜、许愿、捐香火钱，祈求菩萨降福、祛病消灾，或礼佛还愿。过去乡民常"拜菩萨"治疗病痛，故靖江俗谚称"急来抱佛脚，病来求菩萨"。

敬香 [tɕiŋ³³ɕiaŋ²¹]

指佛教徒、道教徒到寺庙或庵堂烧香拜佛。敬香时，正炉以三炷为宜，举香齐眉，心中默默祈祷，三拜过后插入香炉。过去遇香期庙会，泰州人有拜神敬祖、敬香上供、祈福求平安的习俗。

点香 [tiĩ²¹³ɕiaŋ²¹]

寺院多设烛台用以"点香"。靖江讲经"开卷偈"有"佛前焚起三炷香，设立延生大会场"一句，可见"点香"在诵经礼佛中十分重要。

6-65 ◆城隍庙

6-66 ◆光孝寺

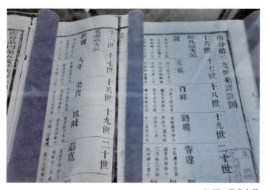

6-67◆迎宾东路

6-68◆迎宾东路

族谱 [tsʰɔʔ³pʰu²¹³]

记载一个家族世系繁衍、源流脉络和重要人物事迹的书册，又称"家谱"[ka²¹pʰu²¹³]。多为宣纸材质的线装本，一般包括谱序、本姓源考、世系、字辈、迁徙情况等，此外还有祠堂祠产、坟茔、家训族规、人物传记等内容。泰州市图书馆收藏了70多部族谱，最早的是清道光年间的。

牌位 [pʰɛ⁴⁵vəi³³]

为祭祀神主、先人等而设的一种有底座的木牌，上书被祭祀者的名号。旧时泰州同姓聚居的村镇一般建祠堂，堂屋设神龛或香案，供奉祖宗牌位。泰州人沿袭传统习俗，正月初一第一件事是在牌位前焚香掌烛叩拜，供几碗元宵，取事事圆满之意。泰兴人也为对自己或家族有恩德的人设牌位，称"供长生禄位"。

祖宗像子 [tsu²¹³tsoŋ²¹ɕiaŋ³³tsɛ⁰]

即祖宗遗像，多为晚辈聘请画师为逝去的先人留容，以备祭祀用。泰州地区的敬祖活动主要有五次，分别在春节前的二十六夜或二十八夜、清明节、农历七月半、十月初一和冬至。祭祀时，在家中的"祖宗像子"前摆上供品，点燃蜡烛，然后祭拜。泰州当地有"早烧清明，晚烧冬"的讲究，即清明时节在早上祭拜，烧纸烧香，冬至则在晚间进行，俗称"烧冬"。

6-69◆溱潼古镇

泰州 ｜ 陆·日常活动

253

风水先生 [fəŋ²¹suəi²¹³ɕiĩ²¹səŋ⁰]

指专为人看住宅、墓地等建筑的地理形势的人，也称"阴阳先生"[iŋ²¹iaŋ⁰ɕiĩ²¹səŋ⁰]。风水先生不出门招揽生意，坐在家中等客人来约请。泰州居民建房前常请风水先生看风水、相宅基、定朝向。老人去世，也会请风水先生选定墓址。泰州有民歌唱曰："阴阳先生嚼蛆虫，指南指北指西东，信口开河风水好，何不葬他老祖宗。"因此"阴阳先生"在泰州兴化方言中，又指说话阴阳怪气，不靠谱的人。

6-70◆五一路

罗盘 [nu⁴⁵pʰõ⁴⁵]

测定方向的仪器，由磁针、内盘、外盘三部分组成。在泰州是风水先生的主要工具，通过磁针选择合适的方位和时间。用于建房时定朝向、选地基，或为过世的人选墓址。

6-71◆五一路

姜太公在此百无禁忌 [tɕian²¹tʰɛ³³koŋ²¹tsɛ³³tsʰ̩²¹³pɔʔ³ɯ⁴⁵tɕiŋ³³tɕi³³]

民间辟邪的符纸，多用于结婚等喜庆场合。泰州地区建新房，上梁之日，在堂屋的梁柱上贴"竖柱喜逢黄道日""上梁正遇紫微星"，门楣上贴"姜太公在此百无禁忌"。

6-74◆黄桥古镇

6-73◆公园路

照妖镜 [tsɔ³³iɔ²¹tɕiŋ³³]

传说中的一种宝镜，能照出妖魔原形，多为圆形。悬挂于门楣或屋角之上，或朝向不祥之物。泰州民间认为镜子可以将远处墙角、屋脊等尖劈之物的煞气反射回去，以此辟邪驱恶。

6-72◆光孝寺

护身符 [xu³³səŋ²¹fɔʔ⁵]

刻有符咒或吉祥符号的物件，种类繁多。民间有人认为随身携带护身符可以驱邪避灾。泰州民间有给幼儿佩戴护身符的习俗。

6-75◆鹿庄

照壁泰山石敢当 [tsɔ³³piɪʔ³tʰɛ³³sɛ̃²¹səʔ⁵kɛ̃²¹³taŋ²¹]

书有"泰山石敢当"或"石敢当"字样的石碑，泰州地区常以"石敢当"简称之。石敢当是神话传说中能降妖伏魔的人物，书有其名的石碑被认为具有镇压百鬼的作用。泰州民间常将其置于村落入口处、门前巷口、河口及三岔路口直冲处。

千載古槐多富貴

柒·婚育喪葬

　　泰州的婚礼热闹喜庆。办喜事的人家要忙活多日，贴"囍"字、挂喜联、发喜糖、放炮仗、摆喜酒。婚礼前一天，男方到女方家拉嫁妆，用女方陪嫁的"被襕"[pʰi³³nɛ̃⁰]铺婚床。婚床铺好后，找个小男孩到床上打个滚或睡一觉，称"暖铺"[nũ²¹³pʰu³³]，寓意早生贵子。婚礼当天，新郎天未亮就要到女方家接亲。女方亲属堵在门口，不让新郎进门，必须满足女方亲属提出的各种要求，并奉上"开门红包儿"[kʰɛ²¹məŋ⁴⁵xoŋ⁴⁵pɔ²¹a⁰]，才能见到新娘，谓之"拦门"[nɛ̃⁴⁵məŋ⁴⁵]。新郎把新娘接走前，须向岳父、岳母敬茶；到新郎家后，新娘也须向公公、婆婆敬茶。婚礼当日，新人举办婚宴，亲朋好友欢聚一堂，为新人送上祝福。

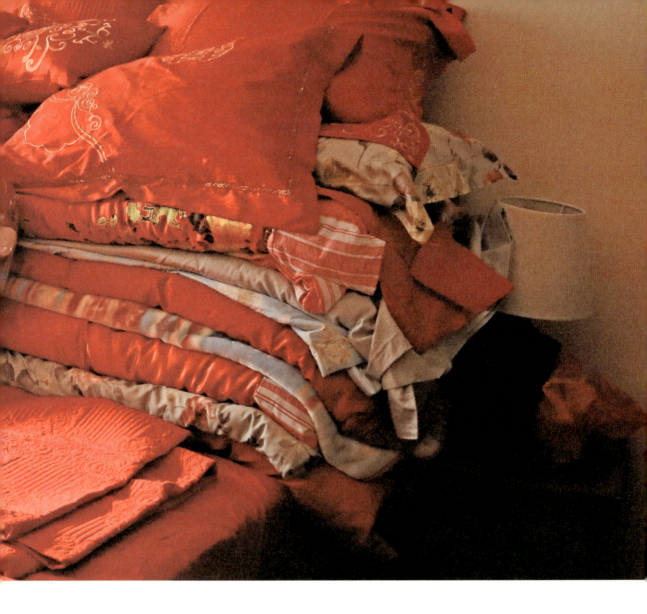

随着时代变迁，传统婚礼的花轿迎亲、拜堂成亲已经很少见了，当下时兴的是中西结合的新式婚礼。

旧时，泰州很多人家供奉送子观音，祈求多子多福。孩子降生后，要向亲朋好友"报喜"[pɔ³³ɕi²¹³]、送红蛋。孩子满月和一百天时，办满月酒和百日酒，祝愿孩子健康成长。

泰州丧葬仪式现在简化了许多。逝者亡故后，家属在门口贴治丧条，当天或第二天孝子向亲友报丧。在家设灵堂，家属亲友守灵。旧时多用棺木土葬，现在须送至火葬场火化。骨灰盒一般安葬于公墓，立碑纪念。下葬后，家人在逝者坟前烧纸钱、"锡箔子元宝"[ɕi²¹pʰaʔ⁵tsɛ⁰yɤ̃⁴⁵pɔ²¹³] 等，祭奠亡者。回来时不走原路，到家跨火盆后才进门。

7-1◆溱潼古镇

嫁妆箱子 [ka³³tsuaŋ³³ɕiaŋ²¹tsɛ⁰]

装嫁妆的箱子，箱上贴"囍"字。旧时，"嫁妆箱子"是必不可少的陪嫁。通常有一到两对，内装衣服、鞋袜、毛巾等生活用品，以及压箱钱、花生、红枣等，箱盖上放被褥、枕头等。泰州民间喜用樟木箱子，坚固耐用、防霉防蛀。

7-2◆溱潼古镇

被襕 [pʰi³³nɛ̃⁰]

即被子，一般用布或绸缎做面，用布做里子，装上棉花、丝绵、鸭绒等，睡觉时盖在身上。新人结婚用的"被襕"，需用红线缝制，并在四角缝上硬币、红枣、栗子等，寓意早生贵子。结婚前夕，通常由女方送至男方家中，男方家人将"被襕"堆叠在新床上，六铺六盖寓意"六六大顺"，八铺八盖寓意"八平八稳"。

梳妆台 [su²¹tsuaŋ²¹tʰɛ⁴⁵]

妇女专用的梳妆镜台。旧式梳妆台立面上有镜架，正中是梳妆镜，两旁设数格抽屉。台面下亦有抽屉，带半铜碗式拉手，一般放贵重首饰。最下一层是搭脚的隔板。

化妆 [xua³³tsuaŋ²¹]

用脂粉等化妆品使容貌美丽。旧时，新娘在出嫁前要"开脸"，寓意"别开生面"。用两根细棉线绞去新娘额前、鬓角的细小汗毛，把眉毛修成新月形，再涂脂粉。将新娘的长发梳成发髻，新郎的头发也一起编入发髻中，称"结发"。梳好头后，佩戴首饰，用大红方帕盖住头面。现在开脸、结发的习俗已很少见。

7-3◆溱潼古镇

7-4◆李庄

7-5 ◆姜窑路

7-6 ◆李庄

接亲 [tɕiɪʔ³tɕʰiŋ²¹]

新人结婚当天，新郎将新娘接回家中，也叫"迎亲"[iŋ⁴⁵tɕʰiŋ²¹]。泰州民间一般在天未亮时就要出发"接亲"，新娘要在太阳升起时到新郎家，寓意一路上越走越亮，日子越过越好。旧时"接亲"用花轿，现在泰州城乡大都使用轿车，轿车上的人数必须是双数，一般去时两人，回时四人。

拦门 [nɛ̃⁴⁵məŋ⁴⁵]

"接亲"时，女方的亲属堵在门口，不让新郎进门，叫作"拦门"。亲朋好友会故意"刁难"新郎，提出各种要求，新郎必须满足所有要求，或者给"开门红包儿"，方能进门接新娘。

吃喜酒 [tsʰəʔ³ɕi²³tɕiɤ̯ɯ²¹³]

婚礼当天，亲友带贺礼前来祝贺，新人摆喜宴，请宾客吃喜酒。喜宴从几桌到几十桌不等，新郎、新娘逐桌敬酒。民间认为婚礼不闹不吉利，越闹越喜庆。亲朋好友临走时，新人要送红包或喜糖，以示感谢。

7-9 ◆海陵南路

7-7 ◆海陵

7-8 ◆姜窑路

背新娘子 [pəi²¹ɕiŋ²¹niaŋ⁴⁵tsɛ⁰]

泰州民间认为"接亲"时新娘的脚不能落地，以免带走娘家的财气。从女方家出门时，新娘一般由同胞兄弟或叔伯兄弟背上车。到婆家后，由新郎背下车，一直到新房。

放炮仗 [faŋ³³pʰɔ³³tsaŋ⁰]

旧时民间认为，结婚"放炮仗"能够镇妖除邪，这种风俗一直延续至今。"接亲"车辆从新郎家出发和"接亲"后回到新郎家时，都要"放炮仗"。现在"放炮仗"被禁止，一些居民则用仿炮仗声的电子音乐替代。

喜糖 [ɕi²¹³tʰaŋ⁴⁵]

结婚时招待亲友的糖果，有奶糖、水果硬糖、巧克力等。甜滋滋的喜糖象征着新人婚后生活甜甜蜜蜜。婚礼当天，凡是来帮忙、道贺的亲朋和邻居，主人都会塞上一把糖果。在泰州乡村，一家办喜事，全村都热闹，村民纷纷前去主家道喜、帮忙，主家则到处分发糖果。

拿叫钱 [na⁴⁵tɕiɔ³³tɕʰiĩ⁴⁵]

婚礼当天，新郎到新娘家，向新娘父母敬茶，改口称新娘父母为"爸爸""妈妈"。礼成之后，新娘父母给女婿红包，称"拿叫钱"。新娘到新郎家后，向新郎父母敬茶、改口，新郎父母也要让新媳妇"拿叫钱"。"叫钱"数目一般会选一些吉利的数字，如"6666""8888"等。

7-10 ◆李庄

7-11 ◆姜窑路

谢客礼 [ɕia³³kʰəʔ³ni²¹³]

　　婚后第二天，男方家摆酒招待邻居、亲朋好友等，称为"谢客礼"。操办婚礼需要请很多人帮忙。为了表示感谢，泰州人婚礼结束后，还专门办酒宴请帮忙的人，农村地区多在家中办酒席谢客。

婚床 [xuəŋ²¹tsʰuaŋ⁴⁵]

　　新郎新娘的床铺。床上铺红色床单，床头堆叠彩缎被子，枕巾上绣"龙凤呈祥""鸳鸯戏水"等图案。泰州地区有"暖铺"习俗，即让小男孩到床上打个滚或睡一觉，寓意早生贵子。一些新人还让男童在床上撒泡童子尿，驱凶求吉。

红双喜 [xoŋ⁴⁵suaŋ²¹ɕi²¹³]

　　由两个"喜"字并排组成，象征吉祥、幸福。婚嫁之时，泰州居民会在新房的门窗上贴"红双喜"，取"好事成双、双喜临门"之意。

喜联 [ɕi²¹³niĩ⁴⁵]

泰州居民婚嫁时，要在新房门口贴挂对联，称"喜联"。内容多为对新人的祝福，如"幸福美满""天长地久"等。

喜堂 [ɕi²¹³tʰaŋ⁴⁵]

新郎新娘行交拜礼的厅堂。正中摆一方桌，上置香烛，供奉送子观音塑像或画像，前面放两个大红蒲团。桌椅皆用红布、"红双喜"装饰。新人在蒲团前举行交拜礼，称"拜堂"。

泰州　柒·婚育丧葬

7-17◆濂溪古镇

轿子 [tɕiɔ³³tsɛ⁰]

旧时泰州女子出嫁时，有"鞋不沾土，脚不踏地"的习俗，因此迎亲时要乘坐花轿。花轿四周用红绸装饰，轿顶垂下五彩丝带。现今花轿多用轿车替代，但其作为文化符号还保留在谚语中，如"大姑娘坐轿子——头一回"。

7-18◆李庄

开门红包儿 [kʰɛ²¹məŋ⁴⁵xoŋ⁴⁵pɔ²¹a⁰]

泰州地区有索取"开门红包儿"的婚俗，男方接亲队伍到女方家时，女方亲属关门不让新郎进门。新郎要将"开门红包儿"塞进门缝，直到女方亲属满意后，才能见到新娘。

门帘子 [məŋ⁴⁵niĩ⁴⁵tsɛ⁰]

门上挂的帘子。新房的门帘须用大红布帘，绣有彩花，穿在两头描红的门帘杆上。门帘是出嫁时的重要嫁妆，过去由女方家手工绣成，现在多为机器织就。

7-19◆濂溪古镇

中国语言文化典藏

喜秤 [ɕi²¹³tsʰən³³]

传统婚礼中用来挑新娘盖头的秤杆。旧时新娘出嫁时会蒙上红盖头，进入洞房后由新郎用秤杆挑开。秤杆上有 16 颗秤星，既谐音"称心"，又代表南斗六星、北斗七星和福、禄、寿三星，象征大吉大利。"喜秤"上的秤钩子，谐音"勾子"，寓意早生贵子。泰州地区有关于"喜秤"的民谣："秤杆子生来亮如油，我给新娘子挑盖头。一挑长命富贵，二挑金玉满堂，三挑三元及第，四挑事事如意，五挑五子登科，六挑福禄双全，七挑七子团圆，八挑八百长寿，九挑长久富贵，十挑实实在在，百子千孙，万代富贵。恭喜，恭喜！"

新郎官敬茶 [ɕiŋ²¹naŋ⁴⁵kũ²¹tɕiŋ³³tsʰa⁴⁵]

新郎从女方家接走新娘之前，向岳父岳母敬茶，感谢他们对新娘的养育之恩。茶杯用喜庆的红色瓷杯，茶中放入成双的红枣和莲子，象征"鸿运当头、早生贵子"。敬茶时，由新娘把茶递给新郎，新郎用双手依次向新娘的父母敬茶，同时要改口："爸爸，请喝茶；妈妈，请喝茶。"新娘父母接过茶，轻抿三口以示感谢，然后给新郎红包（一般是父母各给一份），并叮咛、祝福新人。新娘到婆家敬茶的礼数与新郎相同。

7-21 ◆ 东风北路

7-24◆南通路

百日酒 [pɔʔ³iʔ³tɕiɤɯ²¹³]

孩子出生满 100 天，摆酒席招待亲友，共同庆祝，祈愿孩子长命百岁。参加"百日酒"的宾客都会带上贺礼，可以给孩子送鞋帽、衣服，或金银制的长命锁、项圈、手镯、脚镯等，也可以直接给孩子包"百岁钱"。

拜送子观音 [pɛ³³soŋ³³tsɹ²¹³kṹ²¹iŋ²¹]

向送子观音行礼，祈求早日得子。泰州妇女很相信捧着小儿郎端坐在莲花台上的观音。许多人家都会请上一尊，供于家中，敬香礼拜，祈求子孙兴旺。民间认为在农历二月十九日，即观音诞辰，拜送子观音最为灵验。

报喜 [pɔ³³ɕi²¹³]

女婿向女方家人和其他亲戚通报孩子降生的喜讯。过去重男轻女，生男孩，"报喜"送红蛋；生女孩，"报喜"送糯米粥。现在男女平等，不管生男生女，一律送红蛋。红蛋有吉祥喜庆的寓意，也叫"报喜蛋"。泰州地区送红蛋以单数为宜。送亲友的 3、5、9 只不等；送娘家的 99 只，娘家要回赠 39 只。

7-22◆光孝寺

7-23◆姜窑路

7-26 ◆海陵北路

寿衣 [sɤɯ³³i²¹]

旧时，老人生前一般备好下葬时穿的衣物，美称"寿衣"，祈盼健康长寿。"寿衣"须在农历闰年做，因为闰年比平年多一个月，人们认为在闰年做寿衣，可以增寿。旧时做寿衣的讲究颇多：如不能用皮毛、缎子，否则会被认为"来生变成兽类、断子绝孙"。纽扣用衣带代替，因被认为扣子有"扣住子孙"的不祥之意，而带子有"带来子孙"的吉祥寓意。"寿衣"的件数须为单数，忌双数。忌将眼泪滴在寿衣上，民间认为这样逝者不能安息。

报丧 [pɔ³³saŋ²¹]

人去世后当天或第二天，通知亲友逝者亡故的消息。如果不巧在新年之际亡故，则须等到大年初二才能报丧。若母亲亡故，孝子须亲自到舅舅家报丧，向舅父（或舅母）跪拜。若父亲亡故，孝子向叔伯（或伯母、婶母）报丧，亦须跪拜。子女到亲眷朋友家报丧，不可直接入门，须在门外告知，将亲友端出的茶水或蛋茶在门外食毕，方可入门通报。

7-25 ◆鹿庄

寿鞋 [sɤɯ³³xɛ⁴⁵]

给逝者穿的鞋子。一般采用中式布鞋样式，鞋面上有寿字图案，鞋底贴有莲花，寓脚蹬莲台，去往西方极乐世界。现在也有不少穿皮鞋的。

寿帽 [sɤɯ³³mɔ³³]

给逝者戴的帽子。旧时，男性逝者一般戴礼帽、便帽，也可戴传统的清朝瓜皮帽。老年女性逝者，常戴蚌壳式绒帽。中青年女性不戴寿帽。

纸钱 [tsʅ²¹³tɕʰiĩ⁴⁵]

一般为黄色草纸，泰州地区把人刚去世后焚化的纸钱叫作"千张纸"。逝者下葬后的四十九天内，每隔七天，亲人们须到坟前烧纸钱，称"烧七"。纸钱有铜钱形的，也有印经文、图案的。过去泰州商店开张，常在路口烧纸钱，以求万事吉利，称为"烧利市"。

骨灰盒子 [kuəʔ³xuɛi²¹xʊʔ⁵tsɛ⁰]

遗体火化后，用来装骨灰的盒子。在泰州，逝者骨灰盒由孝子捧回家，置于堂屋中央高凳上，称"登高"。供奉一段时间后，大多另寻墓地下葬，也可存放于阁楼，或寄放在殡仪馆。

7-32 ◆邑庙街

锡箔子元宝 [ɕi²¹pʰaʔ⁵tsɛ⁰yõ⁴⁵pɔ²¹³]

用锡箔纸折叠成的一种元宝形的冥币，是民间祭拜鬼神或祖先时焚烧的祭祀品。每年正月初五一早，泰州商户便前往财神庙，向财神菩萨借"锡箔子元宝"，称"借阴债"。回家后挂在神柜上，称"抢财神"，寓意来年财源广进。第二年除夕，须去庙里以十倍数额归还元宝。

冥币 [miŋ⁴⁵pi³³]

供逝者在阴间使用的钞票。泰州民间认为，冥币焚烧时忌用棍棒挑动，以免纸灰破碎，让逝者不能使用。现代冥币仿效人间通行的货币，制作精致，注明由"冥府银行"发行。一般冥币面额很大，由数千元至数百万不等。

7-31 ◆邑庙街

墓碑 [mu³³pəi²¹]

一般为石质，现在也有水泥材质的。墓碑立于墓外，一般刻有逝者姓名、籍贯、生卒年月、事迹，以及立碑人的姓名、与逝者的关系等。

7-33 ◆石桥

人家

文明友愛喜盈門

泰州地区的节日文化源远流长，"四时八节"是泰州人民生活的重要组成部分。人们按农历安排生产生活，一年之中，几乎每个月都有值得纪念的日子，其中春节是泰州地区最为隆重的节日。年三十贴对联、"贴开花钱儿子"[tʰiɿʔ³kʰɛ²¹xua²¹tɕʰiɿ⁴⁵a⁰tsɛ⁰]，守岁吃年夜饭。

正月初一过大年，人们穿戴一新，这一天不可动刀动剪。初二走亲访友拜年，享用瓜果蜜饯，表达对美好生活的祝愿，吃柿饼求事事如意，吃花生求长生不老。初五家家户户放炮仗，抢"头香"，迎财神，祈求财运亨通。正月十三挂灯笼，迎元宵，吃汤圆，十八落灯时则吃面条，故有俗谚"上灯圆子落灯面"。正月十八过后，春节才算结束。

除了春节，泰州比较重要的传统节日有清明、端午、中元、中秋、冬至等，这些节日都保留较为完整的习俗。清明踏青、扫墓。端午挂菖蒲、插艾条、防五毒、吃粽子。七月半中元节祭祀亡人。八月中秋吃月饼、庆团圆。冬至祭祖，吃青菜豆腐汤。

泰州还有一些习俗颇具地区特色。如初七早上要吃油煎灶饭，晚上看"七簇星"，根据方位预测年成。泰州民谚云："上角仓仓满，下角水淋淋，月口刀兵动，月背时荒年。"端午节不仅要防五毒，还要"吃五红"[tsʰɔʔ³ɤɯ²¹³xoŋ⁴⁵]。六月六开始"炒焦屑"[tsʰɔ²¹³tɕio²¹ɕyʊʔ³]，吃晚茶，为农忙补充体力。立秋之日吃西瓜，希冀吃下暑气，迎来秋天。自腊月二十起，日子便不再称"日"，而称"夜"，这样一夜一夜数到除夕，迎接新的一年。

泰州地区的节日大多与农业生产、祭祀、祈福有关，反映了泰州人民对传统的继承、对神灵的敬畏、对祖先的缅怀以及对富足安康生活的向往。这些节日和习俗，已经融入每一位泰州居民的生活，代代相传。

中国语言文化典藏

萬事如意

105

迎新春平安如意

肅廳歲富貴吉祥

一 春节

贴对子 [tʰiɪʔ³tuəi³³tsʅ⁰]

对子上下联对仗工整，寄托了人们迎祥纳福的美好愿望。泰州有民歌"来到三十夜点头，家家贴贴对子封封帘"，说的是大年三十，泰州家家户户会在朱红纸上写好带吉利话的对子，贴在门框竖柱上。

贴福字 [tʰiɪʔ³fɔʔ³tsʅ³³]

福字寓意"福气""福运"，寄托了人们对幸福生活的向往。旧时泰州过年有送福字的习俗，孩子们手拿大红福字，来到门前，口中吉言不断，恭喜不停。人们一般会将接到的福字倒贴在家门上，意思是福到了。泰州方言中，"贴福字"也有恭维、奉承的意思。

8-4◆迎宾东路

横批 [xoŋ⁴⁵pʰi²¹]

贴于对联上的横幅。多为四字，贴在门楣的正中间。内容和上下联风格一致，上下呼应。横批的书写方向决定了上联的左右顺序。旧时，泰州的"横批"一般从右往左书写，但现在大多从左向右书写。民间流传歇后语"土地庙的横批——有求必应"。

贴开花钱儿子 [tʰiɪʔ³kʰɛ²¹xua²¹tɕʰiɪ⁴⁵a⁰tsɛ⁰]

"开花钱儿子"即喜笺、挂钱，一般为红色，长方形。上有吉祥语题额，中有鲤鱼跳龙门、富贵牡丹等吉祥图案或"福、禄、寿、喜、财"等字，下有各式各样的穗，镂空的背饰有方孔钱纹、万字纹、水波纹等。泰州百姓一般在除夕将喜笺贴在门楣上，既增添节日的喜庆气氛，又有避崇驱邪、纳福求祥的寓意。

贴窗花 [tʰiɪʔ³tsʰuaŋ²¹xua²¹]

泰州素有过年贴窗花的习俗，每年腊月掸尘之后换新窗花，除旧布新，营造喜庆祥和的节日氛围。窗花题材多样，以吉祥如意为主旨，例如"龙凤呈祥""麒麟送子""年年有余""松柏长青""五福捧寿"等。

8-5◆永泰路

8-3◆迎宾东路

泰州

捌·节日

277

8-6 ◆永泰路

吃守岁酒 [tsʰəʔ³sɤɯ²¹³ɕy³³tɕiɤɯ²¹³]

除夕夜备佳肴盛馔，家人围坐，把酒谈笑，辞岁迎新，又称"吃年夜饭"[tsʰəʔ³niĩ⁴⁵ia²¹fẽ²¹]。泰州菜肴颇多讲究，炒黄豆芽为"如意"，备鲢鱼喻年年有余，吃芋头寓意来年遇到好人好事。守岁席上须讲吉利话，多带"元宝"二字，如"吃元宝饭""喝元宝茶"。古语有"夫妇畅饮屠苏酒，儿女欢争压岁钱"，形容的便是"吃守岁酒"的热闹和欢愉。

发红包 [fæʔ³xoŋ⁴⁵pɔ²¹]

大年三十晚上或初一早上，长辈给晚辈"发红包"，泰州称给"压岁钱"[æʔ³ɕy³³tɕiĩ⁴⁵]。过去用红绳串方孔铜钱一百个，放在孩子们的枕头底下，寓意长命百岁，现多用红包塞若干钞票。有童谣云："炮仗迎新春，家家忙拜年。小辈儿的磕头，老辈儿的给钱。"

人日 [zən⁴⁵zəʔ³]

农历正月初七为"人日"。传说女娲创世时，先造鸡狗猪羊牛马，第七天造出了人，故称"人日"。姜堰流传"一天二地，三风四雨，五牛六羊，七人八谷，九豆十棉花"的谣谚。过去泰州妇女在这天，剪彩或刻金箔为人，贴在屏风上，或制成头饰互相赠送。现在仍保留早餐食用油煎灶饭的习俗。祈盼老人延寿，孩子聪慧。

8-7 ◆永泰路

8-8 ◆永泰路

8-9 ◆鼓楼南路

炒圆子 [tsʰɔ²¹³yɤ̃⁴⁵tsɛ⁰]

以糯米搓成实心小团，放入热油锅翻炒，最后用糖水烹炒，熟而不焦，外酥里糯。泰州有正月十五晚上吃"炒圆子"的习俗。兴化谚云"炒十三，炸十四，十五、十六炒圆子"，指正月十三至十六每晚分别食用粘饼、春卷、"炒圆子"之类的食品。

8-10 ◆泰州老街

元宵 [yɤ̃⁴⁵ɕiɔ²¹]

又称"圆子"[yɤ̃⁴⁵tsɛ⁰]，一般指包馅的汤圆。泰州有"上灯圆子落灯面"的习俗：正月十三为上灯节，家家户户吃汤圆，象征圆圆满满；正月十八晚上落灯，要吃面条，寓意顺顺畅畅。灯节期间祀神敬祖都供汤圆。

8-11◆邑庙街

包粽子 [pɔ²¹tsoŋ³³tsɛ⁰]

端午节的传统习俗，泰州用青芦叶或竹箬包裹糯米制成粽子，糯米内拌以红小豆、红枣、咸肉、火腿等，用绳子扎捆成三角锥形、四角枕头形、斧头形，不同地方形状用料各异。包粽谐音"包中"，学生吃枣粽寓意"早中"，粽子成为祈求考试成功的吉祥食品。包粽子还有时令象征意义，泰州有谚云："吃了端午粽，才把棉衣送。"

8-12◆永泰路

吃五红 [tsʰə²³ɤɯ²¹³xoŋ⁴⁵]

泰州端午节的中饭要吃五种红色的菜肴。冷碟五红一般有火腿、咸蛋、香肠、枇杷、红萝卜。热菜五红一般为红烧鱼、红烧肉、炒虾、炒鳝鱼、苋菜汤。泰州各地"五红"的菜肴也不尽相同。

8-13◆永泰路

咸鸭蛋 [xɛ̃⁴⁵iæʔ³tʰɛ̃³³]

端午"五红"之一，也是夏季佐餐佳品。民间端午节常食咸鸭蛋，泰州有"吃咸蛋不疰夏"之说，寓意健康平安。旧时还有端午佩"蛋网"的习俗，儿童玩耍时胸前佩戴五彩丝绒结成的蛋网，内盛一只煮熟的咸鸭蛋，祝愿孩子逢凶化吉、平安无事。

绿豆糕 [nɔʔ⁵tʰɤɯ³³kɔ²¹]

以绿豆为主料，配以芝麻油、糖等制成的糕点。形状多样，有方形、圆形、梅花形等，口感甜软细糯。"糕"与"高"谐音，端午吃绿豆糕，寓意"步步高升"。麻油绿豆糕也是泰州传统的端午节礼品。

8-14◆永泰路

8-16◆永泰路

吃蛋 [tsʰə ʔ³tʰɛ̃³³]

立夏习俗。立夏之后，气温逐渐攀升，体弱的人特别是小孩子容易出现食欲减退、精神不佳的情况，称为"疰夏"。民间认为鸡蛋有"圆满"的寓意，家家户户都会在立夏当天煮蛋给小孩吃，祈求孩子健康成长。泰州俗谚曰"立夏吃蛋，百病消散""立夏吃了蛋，热天不疰夏"，立夏吃蛋的习俗一直沿袭至今。

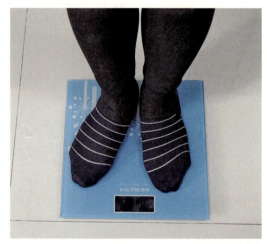

称体重 [tsʰəŋ²¹tʰi²¹³tsoŋ³³]

立夏之日，泰州民间有称体重的习俗。旧时农家通常在堂前屋梁或大树上悬一大秤，用绳索挂箩筐于秤钩上，掌秤人一面看秤，一面说些吉利话。民间相信孩子在立夏之日称过体重后就不会再怕暑热，而且能健康强壮。立秋之日还需再称一次，和夏季比较。如今称体重形式已简化。

8-15◆永泰路

炒焦屑 [tsʰɔ²¹³tɕiɔ²¹ɕyʊ̯ʔ³]

"焦屑"以大麦、小麦炒熟后磨成的粉或麦粉炒制而成。加少量开水和糖，调和后即可直接食用，既方便又能充饥。农历六月六以后，农事繁忙，体力消耗大。泰州人一般要在中晚餐之间加餐，称为"晚茶"，而"焦屑"便是最佳的食品。泰州老话常说："六月六，吃口焦屑长块肉。"通常从六月开始，农家就开始"炒焦屑"了，直到"吃了重阳糕，就把晚茶撂"，次年六月才会再炒。

8-17 ◆海陵北路

供 [koŋ³³]

"供"在泰州方言中是祭祀、奉祀之义。农历七月半是祭祀祖先的日子，家家户户设祭"供"祖宗亡人。供品中要有肉食，最常见的是鸡、鸭、红烧肉等，忌讳放葱。除此以外，一般还供"扁食"，即大馄饨或饺子，因形似元宝而被认为能带来好运。供饭时通常在供桌的三面放置碗筷，一面点上蜡烛和香，所有人在供桌前作揖以祭奠祖先。

8-18 ◆长生

8-21 ◆永泰路

过大冬 [ku³³ta³³toŋ²¹]

"大冬"即冬至日。冬至日前一天则称为"小冬",当地有俗谚曰"大冬大似年,小冬不值钱"。泰州地区除靖江之外,通常于小冬祀祖,大冬敬神。大冬之日,居民早餐要吃汤圆,寓意团团圆圆。因豆腐谐音"多福""多富",冬至这天还要吃小葱烧豆腐或青菜烧豆腐,民间常说"若想富,冬至吃块热豆腐"。

8-22 ◆永泰路

腊八粥 [næʔ⁵pæʔ³tsɔʔ³]

农历十二月初八,泰州人以红枣、白果、花生米、红小豆、豇豆米、大米、糯米、芋头丁等为原料,煮成腊八粥。腊八粥里的食材一般多于八种,主要是五谷杂粮。当地一些寺庙有时也施腊八粥,人们前往排队领取,以求佛祖保佑。泰州俗谚云:"腊七腊八,冻煞鸡鸭。"

中国语言文化典藏

烧纸钱 [so²¹tsʅ²¹³tɕʰiĩ⁴⁵]

供饭之后，烧纸钱。农家十分重视这一习俗，于此前数日就会买冥币，有的将锡箔纸折成元宝形状，烧给祖宗亡人。祭祀烧纸要在午前完成，泰州地区有谚语："早烧清明晚烧冬，七月半亡人等不到中。"除了在家中烧纸钱祭祖，偶尔也会沿街烧纸，祈求没有家人烧纸的亡灵能够安息，不要冲撞自己家人。

8-19◆长生

啃秋 [kʰən²¹³tɕʰiɤɯ²¹]

立秋当日，泰州居民有吃西瓜的习俗，称为"啃秋"。当地民间流传着"早立秋，冷飕飕；晚立秋，热死牛"的说法，意思是如果下午立秋，其后的天气非但不会变凉，反而会转热。这种立秋之后又热起来的天气现象，叫作"秋老虎"。啃食西瓜意味着将"秋老虎"吃下肚，表达了泰州人希望尽早送走暑热，迎接凉爽秋季的愿望。

8-20◆永泰路

玖·说唱表演

一方水土养一方人，孕育一地方言。以方言为载体，保留了丰富的口彩禁忌、俗语谚语、故事歌谣、曲艺戏剧等。这些语言艺术形式，洋溢着浓厚的生活气息，寄寓了一方百姓的喜怒哀乐，体现出浓郁的地方特色，彰显了当地的民间智慧和人文底蕴，是方言文化的重要组成部分。由于这些内容主要以语言为载体，世代口耳相传，很难以图片的形式展示，为更全面地展现泰州方言文化的独特魅力，我们将这些语言类文化现象集中收录在本章。

本章包括口彩禁忌、俗语谚语、歌谣、故事四个部分。旧时人们认为，说"福"得"福"，言"祸"致"祸"，因此留下了许多口彩和禁忌语。口彩寄托了泰州百姓富贵吉祥、长寿多子等美好祈盼，禁忌语则是为了追求言之文雅或避凶求吉。

俗语谚语内容丰富，涉及农业物产、天文气象、生活经验、讽颂劝诫、风土人情等方面，大致按照顺口溜、俗语、谚语、歇后语、谜语的顺序排列。一些旧时流传颇广的号子、伢子、七字段、民歌，如今已经很难听到了，本章尽量收录在列。泰州的人物、街巷、井桥、文物等不乏精彩的故事传说，仅明代泰州储罐一人的故事就有数十则，限于篇幅，本章酌情收录。

泰州地区曲艺戏剧源远流长、异彩纷呈，最早可上溯至宋代。周辉（泰州海陵人）《清波别志》："世说州郡交符燕集，次伶官呈口号，有灾星去后福星来之句……"明清泰州戏曲更为兴盛、普及。《崇祯泰州志·风俗》载："今则觥筹无算，罗列盈前，且多用优伶，卜夜为乐，而相沿成习矣。"又《海陵竹枝词》云："演戏当年谢火神，挨河架木戏台新，偶然一挤台倾倒，笑煞莫从学滚尘。"足见当时泰州戏曲之盛。京剧名家梅兰芳祖籍便是泰州。除京剧、淮剧、评话、昆曲等，泰州还有用泰州方言表演的道情、锣鼓书等。但现在道情、锣鼓书等几近失传，表演已不复当年走街或登台之盛。

本章方言语料每句分行，注国际音标，注释以小字加在句末。每个故事最后附普通话释义。日常口语对话中，语流音变现象（脱落、弱化、合音等）十分常见，本章完全依据发音人的实际发音记音。

六六大顺 [nɔʔ⁵nɔʔ⁵ta²¹ɕyŋ³³]

　　祝福语。

双喜临门 [suaŋ²¹ɕi²¹³niŋ⁴⁵məŋ⁴⁵]

　　祝福语，取"好事成双"之意。

福倒啊 [fɔʔ⁵tɔ³³a⁰]

　　倒贴福字，谐音"福到了"。

五福临门 [vu²¹³fɔʔ⁵niŋ⁴⁵məŋ⁴⁵]

　　祝福语。

三羊开泰 [sɛ̃²¹iaŋ⁴⁵kʰɛ²¹tʰɛ³³]

　　祝福语，意为万象更新，诸事顺遂。

发 [fæʔ³]

　　寓意发财。

发菜 [fæʔ³tsʰɛ³³]

　　为"发财"的谐音，因此年夜饭吃发菜。

年年有鱼 [niĩ⁴⁵niĩ⁴⁵iɤɯ²¹³y⁴⁵]

　　年夜饭吃鱼，"鱼"与"余"谐音，寓意年年有余。

长生果 [tsʰaŋ⁴⁵səŋ²¹ku²¹³]

　　指花生。民间传说花生具有滋补益寿之功效。

有喜 [iɤɯ²³ɕi²¹³]

　　指怀孕。

早生贵子 [tsɔ²¹³səŋ²¹kuəi³³tsʅ²¹³]

　　用红枣、花生、桂圆、莲子谐音"早生贵子"。

子桶／子孙桶 [tsʅ²³tʰoŋ²¹³/tsʅ²¹³ɕyŋ²¹tʰoŋ²¹³]

　　将红枣、花生等放入马桶，寓意早生贵子。

老掉啊了／故去啊了／走啊了 [nɔ²¹³tiɔ⁰aⁿ⁰nɛ⁰/ku³³tɕʰy³³aⁿ⁰nɛ⁰/tsɤɯ²¹³aⁿ⁰nɛ⁰]

　　婉指人去世。

吉房出租 [tɕiiʔ³faŋ⁴⁵tɕʰyəʔ³tsu²¹]

　　即房屋出租。

不分梨 [pəʔ³fəŋ²¹ni⁴⁵]

　　"梨"与"离"谐音，不分食梨寓意不分离。

岁岁发财 [ɕy³³ɕy³³fæʔ³tsʰɛ⁴⁵]

　　"岁岁"与"碎碎"谐音，新年时打碎瓶瓶罐罐寓意岁岁发财。

恭桶 [koŋ²¹tʰoŋ²¹³]

　　婉指马桶。

洗手间 [ɕi²³sɤɯ²¹³kɛ̃²¹]

　　婉指厕所。

上一号 / 解手 [saŋ²¹iɿʔ³xɔ²¹/kɛ²³sɤɯ²¹³]

  婉指上厕所。

下身 [ɕia²¹səŋ²¹]

  婉指男女生殖器。

来好事 [nɛ⁴⁵xɔ²¹³sɿ²¹]

  婉指来月经。

抱的 [pʰɔ²¹ti⁰]

  婉指领养的孩子。

等饭痣 [təŋ²¹³fɛ̃²¹tsɿ³³]

  指下巴上长的痣。

二 俗语谚语

一盘花，[iɿʔ³pʰũ⁴⁵xua²¹]

两盘花，[niɛ̃²¹³pʰũ⁴⁵xua²¹]

掉头望见个亲妈妈。[tʰiɔ²¹tʰɤɯ⁴⁵uaŋ²¹tɕiĩ⁰kɤɯ⁰tɕʰiŋ²¹ma²¹ma⁰] 望：看

亲妈妈，[tɕʰiŋ²¹ma²¹ma⁰]

亲妈妈，[tɕʰiŋ²¹ma²¹ma⁰]

你多少好人家都 [不曾] 把，[ni²¹³tɤɯ²¹sɔ²¹³xɔ²¹³zəŋ⁴⁵ka⁰tu²¹pəŋ⁴⁵ma²¹³] 把：嫁

一把把啊个穷人家。[iɿʔ⁵ma²¹³ma²¹³a⁰kɤɯ⁰tɕʰiən⁴⁵zəŋ⁰ka²¹]

爹爹像个大冬瓜，[tia²¹tia²¹tɕʰiaŋ²¹kɤɯ⁰ta⁴⁴toŋ²¹kua²¹]

奶奶像个癞蛤蟆，[nɛ̃²³nɛ̃²¹³tɕʰiaŋ²¹kɤɯ⁰nɛ²¹xa²¹ma²¹]

大伯子像个热水瓶，[ta²¹pɔʔ³tsɛ⁰tɕʰiaŋ²¹kɤɯ⁰iɿʔ⁵suəi²¹³pʰiŋ⁴⁵] 热水瓶：形容性格憨直

姑娘像个焦蚂蚱。[ku²¹niaŋ⁰tɕʰiaŋ²¹kɤɯ⁰tɕiɔ²¹miæʔ³tsa²¹] 焦蚂蚱：形容极瘦

你说你家女婿好，[ni²¹³sʊʔ³ni²¹³ka⁰ny²¹³ɕy⁰xɔ²¹³]

团团像个虎头鲨，[tʰũ³³tʰũ⁰tɕʰiaŋ²¹kɤɯ⁰fu²¹³tʰɤɯ⁰sa²¹] 虎头鲨：形容样貌蠢而恶

不曾吃饭嘴一渣˭，[pəʔ³tsʰən⁴⁵tsʰəʔ³fɛ̃²¹tɕy²¹³iɿʔ³tsa²¹] 渣˭：张开

开口就是奤妈妈。[kʰɛ²¹kʰɤɯ²¹³tɕʰiɤɯ³³sɿ⁰zəʔ⁵ma²¹ma⁰]

　　对母亲所嫁非人的抱怨。

早也巴，[tsɔ⁴⁵a²¹³pa²¹] 巴：盼望

晚也巴，[vɛ̃⁴⁵a²¹³pa²¹]

一巴巴到三十夜。[iɿʔ³pa²¹pa²¹tɔ⁰sɛ̃²¹səʔ⁰ia²¹]

花生豆儿紧把抓，[xua²¹sən²¹tʰɤɯ²¹a⁰tɕiŋ⁴⁵pa²¹³tsua²¹]

鱼啊肉的紧筷叉。[y⁴⁵a⁰zɔʔ⁵ti⁰tɕiŋ²¹³kʰuɛ³³tsʰa²¹]

　　旧时对过年的期盼。

十三上灯，[səʔ⁵sɛ̃²¹saŋ²¹təŋ²¹]

十四新春，[səʔ⁵sʅ³³ɕiŋ²¹tsʰuəŋ²¹]

十五元宵，[səʔ²¹vu²¹³yõ⁴⁵ɕiɔ⁰]

十六牙朝，[səʔ²¹lɔʔ⁵a⁴⁵tsʰɔ⁴⁵] 牙朝：以前，各家店铺、厂、坊，每逢初二、十六中午，老板都要以荤菜来招待店员职工，名为"打牙朝"

十七等等，[səʔ⁵tɕiɪ̃ʔ³təŋ²¹³təŋ⁰]

十八落灯，[səʔ⁵piæʔ³naʔ⁵təŋ²¹]

十九算账，[səʔ⁵tɕiɤɯ²¹³sõ³³tsaŋ³³]

二十动身。[a²¹səʔ⁵tʰoŋ²¹səŋ²¹]

　　反映旧时泰州地区一些店铺"出水"(即今之"采购员")的生活习俗的谚语。凡外出的采购人员，每年年底回家过春节。到正月十六这天，老板便请他们吃饭，称为"牙朝"，以此暗示该出发了。此后，最多可以再拖两天，到十九一定要把新旧账目结清，领取报酬，接受新的采购任务。正月二十，采购人员必须出发。

只听啊楼板响，[tsəʔ³tʰiŋ³³ŋa⁰nɤɯ⁴⁵pɛ̃²¹³ɕiaŋ²¹³]

不见人下来，[pəʔ³tɕiɪ̃³³zəŋ⁴⁵xa²¹nɛ⁴⁵]

见啊风就是雨。[tɕiɪ̃³³ŋa⁰foŋ²¹tɕʰiɤɯ²¹sʅ²¹y²¹³]

　　形容听到一点风声就附和，没有主见。

夜饭夜饭，[ia²¹fɛ̃²¹ia²¹fɛ̃²¹] 夜饭：晚饭

吃到鸭子生蛋。[tsʰəʔ³tɔ³³ɛʔ³tsɛ⁰səŋ²¹tʰɛ̃²¹]

　　形容人吃饭磨蹭。

种田不上粪，[tsoŋ³³tʰiɪ̃⁴⁵pəʔ³saŋ²¹fəŋ³³]

等于瞎胡混。[təŋ²¹³y⁰xæʔ³xu⁴⁵xuəŋ³³]

　　农事经验。

清明前后，[tɕʰiŋ²¹miŋ⁴⁵tɕʰiŋ⁴⁵xɤɯ³³]

种瓜种豆。[tsoŋ³³kua²¹tsoŋ³³tɤɯ³³]

　　农作物播种的时间。

清明施种，[tɕʰiŋ²¹miŋ⁴⁵səʔ³tsoŋ²¹³]

谷雨栽秧。[koʔ³y²¹³tsɛ²¹iaŋ²¹]

　　农作物播种的时间。

一九二九不出手，[iʔ³tɕiɤɯ²¹³a²¹tɕiɤɯ²¹³pəʔ³tsuəʔ³sɤɯ²¹³]

三九四九冰上走。[sɛ̃²¹tɕiɤɯ²¹³sɿ³³tɕiɤɯ²¹³piŋ²¹saŋ²¹tsɤɯ²¹³]

五九和六九，[ɤɯ²¹³tɕiɤɯ²¹³xɤɯ⁴⁵noʔ⁵tɕiɤɯ²¹³]

河边掐杨柳。[xu⁴⁵piĩ²¹kʰiæʔ³iaŋ⁴⁵niɤɯ²¹³]

七九河冻开，[tɕʰiəʔ³tɕiɤɯ²¹³xɤɯ⁴⁵toŋ³³kʰɛ²¹]

八九燕子来。[piæʔ³tɕiɤɯ²¹³iĩ³³tsɿ²¹³nɛ⁴⁵]

九九加一九，[tɕiɤɯ²³tɕiɤɯ²¹³tɕia²¹iʔ³tɕiɤɯ²¹³]

耕牛遍地走。[kəŋ²¹niɤɯ⁴⁵pʰiĩ²¹ti³³tsɤɯ²¹³]

　　时令和气温的关系。

早霞不出门，[tsɔ²¹³ɕia⁴⁵pəʔ³tɕʰyəʔ³məŋ⁴⁵]

晚霞行千里。[vɛ̃²¹³ɕia⁴⁵ɕiŋ⁴⁵tɕʰiĩ²¹ni²¹³]

　　早霞预示将要下雨，晚霞预示第二天是晴天。

早上烧霞，[tsɔ²¹³saŋ⁰sɔ²¹ɕia⁴⁵]

等水烧茶。[təŋ²¹³suəi²¹³sɔ²¹tsʰa⁴⁵]

晚上烧霞，[vɛ̃²¹³saŋ⁰sɔ²¹ɕia⁴⁵]

热得咔咔。[iʔ³təʔ⁰kʰa⁴⁵kʰa⁴⁵] 咔咔：非常热

　　早霞预示将要下雨，晚霞预示天气极热。

三月三，[sɛ̃²¹yʊʔ⁰sɛ̃²¹]

冻得把眼翻。[toŋ³³təʔ⁰pa²¹³ɛ̃²¹³fɛ̃²¹]

　　形容春寒。

春雾暖，[tsʰuəŋ²¹vu³³nõ²¹³]

夏雾热，[ɕia²¹vu³³iɿ²⁵]

秋雾凉风冬雾雪。[tɕʰiɤɯ²¹vu³³niaŋ⁴⁵foŋ²¹toŋ²¹vu³³ɕyʊʔ³]

　　自然现象与天气的关系。

打啊春，[ta²¹³a⁰tsʰuəŋ²¹]

赤脚奔。[tsʰəʔ³tɕiaʔ³pəŋ²¹]

　　形容春天到了，天气回暖。

清明要明，[tɕʰiŋ²¹miŋ⁴⁵iɔ³³miŋ⁴⁵]

谷雨要雨。[kɔʔ³y²¹³iɔ³³y²¹³]

　　时令和天气的关系。

六月里出门带寒衣。[nɔʔ²¹yʊʔ⁰ni⁰tsʰuəʔ³məŋ⁴⁵te³³xɛ̃⁴⁵i²¹]

　　提醒人要防止天气突变。

七月的天，[tɕʰiɿʔ³yʊʔ⁰ti⁰tʰiĩ²¹]

小儿儿的脸，[ɕiɔ²¹³a⁴⁵a⁰ti⁰niĩ²¹³]

一天变三变。[iɿʔ³tʰiĩ²¹piĩ³³sɛ̃²¹piĩ³³]

　　形容夏季天气多变。

又要吃粽子，[iɤɯ²¹iɔ³³tsʰəʔ³tsoŋ³³tsɛ⁰]

又要划龙船。[iɤɯ²¹iɔ³³xua⁴⁵noŋ⁴⁵tsʰʊ̃⁴⁵]

　　端午节习俗。

六月六，[nɔʔ²¹yʊʔ⁰nɔʔ²⁵]

吃块焦屑长块肉。[tsʰəʔ³kʰuɛ³³tɕiɔ²¹ɕyʊʔ⁰tsaŋ²¹³kʰuɛ³³zɔʔ²⁵] 焦屑：泰州地区传统的速食品

　　焦屑便于食用，易有饱腹感，故作为夏季农忙时节的应急食品。

吃不穷，[tsʰəʔ³pəʔ³tɕʰioŋ⁴⁵]

穿不穷，[tsʰʊ̃²¹pəʔ⁰tɕʰioŋ⁴⁵]

不会算计一世穷。[pəʔ³xuəi²¹sũ³³tɕi³³iɿ³sɿ⁰tɕʰioŋ⁴⁵]

　　提醒人过日子要量入为出，勤俭持家。

害人之心不可有，[xɛ²¹zəŋ⁴⁵tsɿ²¹ɕiŋ²¹pəʔ³kʰɤɯ²³iɤɯ²¹³]

防人之心不可无。[faŋ⁴⁵zəŋ⁴⁵tsɿ²¹ɕiŋ²¹pəʔ³kʰɤɯ²¹³vu⁴⁵]

　　人不可有害人之心，也不可无防人之心。

躲得了初一，[tu²¹³təʔ⁰niɔ²¹³tsʰu²¹iɿʔ³]

躲不过十五。[tu²¹³pəʔ³kɤɯ⁰səʔ²¹vu²¹³]

　　能躲避一时，但终究不能一直逃避。

家里盖帐子，[ka²¹li⁰kɛ³³tsaŋ³³tsɛ⁰]

外头充胖子。[uɛ²¹tʰɤɯ⁰tsʰoŋ²¹pʰaŋ³³tsɛ⁰]

　　形容为撑面子，做自己力不能及的事情。

学好数理化，[ɕiaʔ⁵xɔ²¹³su³³ni²¹³xua³³]

走遍天下都不怕。[tsɤɯ²¹³piĩ⁴⁴tʰiĩ²¹ɕiaʔ⁰tu³³pəʔ³pʰa³³]

　　指学好理科的重要性。

坐得正，[tsʰɤɯ²¹təʔ⁰tsəŋ³³]

行得正，[ɕiŋ⁴⁵təʔ⁰tsəŋ³³]

不怕和尚尼姑合板凳。[pəʔ³pʰa³³xɤɯ⁴⁵saŋ⁰ni⁴⁵ku⁰kʊʔ³pɛ̃²¹³təŋ³³]

　　形容为人正派，不怕人议论。

身正不怕影子歪。[səŋ²¹tsəŋ³³pəʔ³pʰa³³iŋ²¹³tsɿ⁰vɛ²¹]

　　为人做事只要正派就没有什么可怕的。

天上雷轰轰，[tʰiĩ²¹saŋ⁰ləi⁴⁵xoŋ²¹xoŋ⁰]

专打扒灰公。[tsʊ̃²¹ta²¹³pʰa⁴⁵xuəi²¹koŋ²¹] 扒灰公：与儿媳暧昧的公公

　　对扒灰公公的谴责。

失势的凤凰不如鸡。[səʔ³sʅ³³tiˀfoŋ³³xuaŋ⁴⁵pəʔ³zu⁴⁵tɕi²¹]

　　身份显贵者一旦蒙难，地位还不如普通人。

大姑娘坐轿子——头一回 [ta²¹ku⁴⁵niaŋ⁰tsʰɤɯ²¹tɕʰiɔ²¹tsɛ⁰— tʰɤɯ⁴⁵iiʔ³xuəi⁴⁵]

正月半送门神——晚啊半个月 [tsəŋ²¹yʊʔ⁰pʊ̃³³soŋ³³məŋ⁴⁵səŋ⁴⁵— vɛ̃²¹³ŋaˀpʊ̃³³kɤɯˀyʊʔ⁵]

寿星佬儿卖妈妈——倚老卖老 [sɤɯ²¹ɕiŋ²¹nɔ²¹³aˀmɛ²¹ma²¹maˀ— i²³nɔ²¹³mɛ²¹nɔ²¹³]

大姐脸儿美，[ta³³tɕi²¹³niĩ²¹³aˀməi²¹³]

二姐一肚水，[a²¹tɕi²¹³iɿʔ³tu²¹³suəi²¹³]

三姐露着牙，[sɛ̃²¹tɕi²¹³lu²¹tsaʔ⁰ia⁴⁵]

四姐歪着嘴。[sʅ³³tɕi²¹³vɛ²¹tsaʔ⁰tsuəi²¹³]

——苹果、西瓜、石榴、桃子 [pʰiŋ⁴⁵ku²¹³、ɕi²¹kua²¹、səʔ⁵niɤɯ⁰、tʰɔ⁴⁵tsɛ⁰]

两个老头一样高，[niɛ̃²¹³kɤɯ⁰nɔ²¹³tʰɤɯ⁴⁵iiʔ³iaŋ⁰kɔ²¹]

你不惹他，[ni²¹³pəʔ³za²¹³tʰaˀ]

他不譟。[tʰa²¹pəʔ³tsʰɔ²¹] 譟：喧哗，吵闹

——门 [məŋ⁴⁵] 旧时的门为两扇，开时会有吱呀声

大拇指，[ta²¹mu²¹³tsəʔ³]

二拇兄，[a²¹mu²¹³ɕioŋ²¹]

中间佬，[tsoŋ²¹kɛ̃⁰nɔ²¹³]

何仙格，[xɤɯ⁴⁵ɕiĩ²¹kəʔ³]

细宝宝，[ɕi³³pɔ²³pɔ²¹³]

巴掌心，[pa²¹tsaŋ⁰ɕiŋ²¹]

脉关里，[mɔʔ⁵kuɛ̃⁰ni²¹³]

私胳弯，[sɿ²¹kaʔ⁰vɛ̃²¹]

挑水担，[tʰiɔ²¹suəi²¹³tɛ̃³³]

吃饭虫，[tsʰəʔ³fɛ̃²¹tsʰoŋ⁴⁵]

闻饭香，[vəŋ⁴⁵fɛ̃²¹ɕiaŋ²¹]

近视台，[tɕiŋ³³sɿ⁰tʰɛ⁴⁵]

打一刮子上楼台。[ta²¹iɿ³kuæʔ³tsɛ⁰saŋ²¹nɤɯ⁴⁵tʰɛ⁴⁵]

——食指、中指、无名指、小拇指、手掌心、手腕、手肘、肩膀、嘴巴、鼻子、鼻梁、脑门 [səʔ⁵tsɿ²¹³、tsoŋ²¹tsɿ²¹³、vu⁴⁵miŋ⁴⁵tsɿ²¹³、ɕiɔ²³mu²³tsɿ²¹³、sɤɯ²³tsaŋ²¹³ɕiŋ²¹、sɤɯ²¹³vɛ³³、sɤɯ²³tsɤɯ²¹³、tɕiĩ²¹paŋ²¹³、tɕy²¹³pa⁰、pʰiɿʔ⁵tsɛ⁰、pʰiɿʔ⁵niaŋ⁴⁵、nɔ²¹³məŋ⁴⁵]

凉月巴巴，[niaŋ⁴⁵yʊʔ⁵pa²¹pa⁰]

照见他家。[tsɔ³³tɕiĩ³³tʰa²¹ka²¹]

他家驴子，[tʰa²¹ka⁰ny⁴⁵tsɛ⁰]

吃 [我家] 豆子。[tsʰəʔ³ŋa²¹³tʰɤɯ²¹tsɛ⁰]

拿棒打它，[na⁴⁵pʰaŋ²¹ta²¹³tʰa⁰]

告诵姐姐。[kɔ³³soŋ³³tɕia²¹³tɕia⁰] 告诵：告诉

　　　童谣。

千亩塘，[tɕʰiĩ²¹mu²¹³tʰaŋ⁴⁵]

万亩塘，[vɛ̃²¹mu²¹³tʰaŋ⁴⁵]

送 [我家] 宝宝上学堂。[soŋ³³ŋa²¹³pɔ²¹³pɔ⁰saŋ²¹ɕiaʔ⁵tʰaŋ⁴⁵]

一包果子一包糖，[iiʔ³pɔ²¹ku²¹tsɛ⁰iiʔ³pɔ²¹tʰaŋ⁴⁵]

糖把 [我家] 宝宝吃，[tʰaŋ⁴⁵pa²¹³ŋa²¹³pɔ²¹³pɔ⁰tsʰəʔ³]

果子把先生尝一尝。[ku²¹³tsɛ⁰pa²¹³ɕiĩ²¹səŋ⁰saŋ⁴⁵iiʔ⁰saŋ⁴⁵]

　　　童谣。

牛郎和织女 [niɤɯ⁴⁵naŋ⁴⁵xu⁴⁵tsəʔ³ny²¹³]

古时候，[ku²¹³sʅ⁴⁵xɤɯ⁰]

有个人家家里有个小伙，[iɤɯ²¹³kə⁰zəŋ⁴⁵ŋə⁰ka²¹ni⁰iɤɯ²¹³kɤɯ⁰ɕiɔ²¹³xu⁰] <small>小伙：男孩</small>

爸爸妈妈都不在了，[pa³³pa⁰ma⁰ma⁰tu²¹pəʔ³tsʰɛ³³nə⁰]

就落啊他一个人。[tɕʰiɤɯ²¹naʔ⁵kəʔ⁰tʰa²¹iɿʔ³kɤɯ⁰zəŋ⁴⁵] <small>落：剩。啊：相当于"了"</small>

家里呢，[ka²¹ni⁰na⁰]

还养啊一头老牛，[xa⁴⁵iaŋ²¹³ŋə⁰iɿʔ³tʰɤɯ⁴⁵nɔ²¹³ɤɯ⁴⁵]

人家呢，[zəŋ⁴⁵ŋə⁰na⁰]

就叫他牛郎。[tɕʰiɤɯ²¹tɕiɔ³³tʰa²¹niɤɯ⁴⁵naŋ⁴⁵]

牛郎就同这个牛，[niɤɯ⁴⁵naŋ⁴⁵tɕʰiɤɯ²¹tʰoŋ⁴⁵tsəʔ³kə⁰niɤɯ⁴⁵]

相依为命，[ɕiaŋ²¹i²¹vəi⁴⁵miŋ³³]

耕田度日。[kəŋ²¹tʰiĩ⁴⁵tu³³zəʔ³]

生活呗，[səŋ²¹xɤɯ⁰pəi⁰]

过得，[ku³³təʔ⁰]

也一般得，[a²¹³iɿʔ³pɛ̃²¹ti⁰]

蛮艰苦的。[mɛ̃³³tɕiĩ²¹kʰu²¹³ti⁰]

牛郎家这个老牛呢，[niɤɯ⁴⁵naŋ⁴⁵kə⁰tsəʔ³kə⁰nɔ²¹³niɤɯ⁴⁵na⁰]

实际上是天上的个金牛星。[səʔ³tɕi³³saŋ³³sʅ³³tiĩ²¹saŋ³³ti⁰kə⁰tɕiŋ²¹niɤɯ⁴⁵ɕiŋ²¹]

这个老牛啊，[tsəʔ³kə⁰nɔ²¹³niɤɯ⁴⁵a⁰]

望牛郎人又勤劳，[uaŋ²¹niɤɯ⁴⁵naŋ⁴⁵zəŋ⁴⁵iɤɯ²¹tɕʰiŋ⁴⁵nɔ⁴⁵] <small>望：看</small>

又善良, [iɤɯ²¹ɕiŋ³³niaŋ⁴⁵]

就想帮他成个家。[tɕiɤɯ²¹ɕiaŋ²¹³paŋ²¹tʰa²¹tsʰəŋ⁴⁵kə⁰ka²¹]

这一天子呢, [tsəʔ³iɿʔ³tʰiĩ²¹tsʅ⁰na⁰]

金牛星晓得, [tɕiŋ²¹niɤɯ⁴⁵ɕiŋ²¹ɕiɔ²¹³tə̃ʔ⁰]

天上的七仙女, [tʰiĩ²¹saŋ³³ti⁰tɕʰiəʔ³ɕiĩ²¹ny²¹³]

要到村子东头的这个河里头去洗澡。[iɔ³³tɔ³³tɕʰyŋ²¹tsɛ⁰toŋ²¹tʰɤɯ⁴⁵ti⁰tsəʔ³kə⁰xu⁴⁵ni²¹³tʰɤɯ⁰tɕʰy³³ɕi²³tsɔ²¹³]

它就托梦把这个牛郎, [tʰa²¹tɕʰiɤɯ²¹tʰaʔ³məŋ³³ma²¹³tsəʔ³kə⁰niɤɯ⁴⁵naŋ⁴⁵] 把:给、向

说的: [suʔ³ti⁰]

"明朝早上啊, [məŋ⁴⁵nɔ²¹tsɔ⁰saŋ³³ŋa⁰]

天上里有七个仙女, [tʰiĩ²¹saŋ²¹li²¹³ɤɯ²¹³tɕʰiəʔ³kə⁰ɕiĩ²¹ny²¹³]

要到村子东头的这个河里头去洗澡。[iɔ³³tɔ³³tɕʰyŋ²¹tsɛ⁰toŋ²¹tʰɤɯ⁴⁵ti⁰tsəʔ³kə⁰xu⁴⁵ni²¹³tʰɤɯ⁰tɕʰy³³ɕi²³tsɔ²¹³]

你呢, 就去悄悄地, [ni²¹³nɛ⁰, tɕʰiɤɯ²¹tɕʰy³³tɕʰiɔ⁴⁵tɕʰiɔ⁴⁵ti⁰]

把她那个挂啊树上的衣裳, [ma²¹³tʰa²¹na³³kə⁰kua³³ə⁰su²¹saŋ³³ti⁰i²¹saŋ⁰] 啊:相当于"在"

拿一件红的, [na⁴⁵iɿʔ³tɕʰiĩ²¹xoŋ⁴⁵ti⁰]

你就直朝家里跑。[ni²¹³tɕʰiɤɯ²¹tsʰəʔ³tsʰɔ⁴⁵ka²¹ni⁰pʰɔ⁴⁵]

马上的, [ma²¹³saŋ³³ti⁰]

这个仙女就可以同你成亲。" [tsəʔ³kə⁰ɕiĩ²¹ny²¹³tɕʰiɤɯ²¹kʰu²³i²¹³tʰoŋ⁴⁵ni²¹³tsʰəŋ⁴⁵tɕʰiŋ²¹]

牛郎听啊这个事情, [niɤɯ⁴⁵naŋ⁴⁵tʰiŋ²¹ŋə⁰tsəʔ³kə⁰sʅ³³tɕʰiŋ⁰]

他半信半疑的。[tʰa²¹pɛ̃³³ɕiŋ³³pɛ̃³³i⁴⁵ti⁰]

第二天一大早起来啊, [tʰi²¹a³³tʰiĩ²¹iɿʔ³ta³³tsɔ²¹³tɕʰi²¹³nɛ⁴⁵a⁰]

就到啊那个东面的河边上, [tɕʰiɤɯ²¹tɔ³³ə⁰na³³kə⁰toŋ²¹miĩ²¹ti⁰xu⁴⁵piĩ²¹saŋ⁰]

一望, [iɿʔ³uaŋ²¹]

真有七个美女在那块戏水。[tsəŋ²¹iɤɯ²¹³tɕʰiʔ³kə⁰məi²³ny²¹³tsʰɛ²¹nə³³kʰuəi³³ɕi³³suəi²¹³]

他就拿啊树上一件这个粉红的衣裳, [tʰa²¹tɕʰiɤɯ²¹na⁴⁵ə⁰su²¹saŋ³³iɿʔ³tɕʰiĩ²¹tsəʔ³kə⁰fəŋ²¹³xoŋ⁴⁵ti⁰i²¹saŋ⁰]

直朝家里溜。[tsʰəʔ⁵tsʰɔ⁴⁵ka²¹ni⁰niɤɯ²¹] 溜:跑

他拿的这个粉红的衣裳啊, [tʰa²¹na⁴⁵ti⁰tsəʔ³kə⁰fəŋ²¹³xoŋ⁴⁵ti⁰i²¹saŋ⁰ŋa⁰]

就是织女的个衣裳。[tɕʰiɤɯ²¹sʅ³³tsə²¹ny²¹³ti⁰kɤɯ⁰i²¹saŋ⁰]

到这一天的夜里，[tɔ³³tsəʔ³iɪʔ³tʰiĩ²¹ti⁰ia²¹ni⁰]

这个织女就敲啊他的门，[tsəʔ³kə⁰tsəʔ³ny²¹³tɕʰiɤɯ²¹tɕʰiɔ²¹ə⁰tʰa²¹ti⁰məŋ⁴⁵]

就同这个牛郎，[tɕʰiɤɯ²¹tʰoŋ⁴⁵tsəʔ³kə⁰niɤɯ⁴⁵naŋ⁴⁵]

就成啊亲。[tɕʰiɤɯ²¹tsʰən⁴⁵ŋə⁰tɕʰiŋ²¹]

转眼的时间就三年过去啊，[tsʊ̃²³iɛ̃²¹³ti⁰sʅ⁴⁵tɕɕiɛ²¹tɕʰiɤɯ²¹sɛ̃²¹niĩ⁴⁵ku³³tɕʰy³³a⁰]

这个牛郎织女呢，[tsəʔ³kə⁰niɤɯ⁴⁵naŋ⁴⁵tsəʔ³ny²¹³nə⁰]

就生了一个男伢儿子，[tɕʰiɤɯ²¹sən²¹ŋə⁰iɪʔ³kə⁰nɛ̃⁴⁵a⁴⁵a⁰tsɛ⁰] 伢：小孩子

一个女伢儿子，[iɪʔ³kə⁰ny²¹³a⁴⁵a⁰tsɛ⁰]

日子呗过得蛮好的。[iɪʔ⁵tsɛ⁰pəi⁰ku³³tə⁰mɛ̃³³xɔ²¹³ti⁰]

这个事情呢，[tsəʔ³kə⁰sʅ²¹tɕʰiŋ⁰ŋa⁰]

就被天上的玉皇大帝晓得了。[tɕʰiɤɯ²¹pəi³³tʰiĩ²¹saŋ³³ti⁰iɔʔ³xuaŋ⁴⁵ta³³ti³³ɕiɔ²¹³təʔ³kə⁰]

到啊这一天子，[tɔ³³ə⁰tsəʔ³iɪʔ³tʰiĩ²¹tsɛ⁰]

突然的，[tʰəʔ³iĩ⁴⁵ti⁰]

就狂风大作，[tɕʰiɤɯ²¹kʰuaŋ⁴⁵fəŋ²¹ta³³tsaʔ³]

响雷霍闪，[ɕiaŋ²¹³ny⁴⁵xuaʔ⁵ɕiĩ²¹³]

织女就没得啊。[tsəʔ³ny²¹³tɕʰiɤɯ²¹məʔ⁵təʔ³kə⁰]

这个呗两个伢儿子，[tsəʔ³kə⁰pəi⁰niaŋ²¹³kə⁰a⁴⁵a⁰tsɛ⁰]

就哭住啊要妈妈，[tɕʰiɤɯ²¹kʰɔʔ³tsʰu²¹ə⁰iɔ³³ma²¹ma⁰]

这个牛郎就急得不晓得咋啊弄的好。[tsəʔ³kə⁰niɤɯ⁴⁵naŋ⁴⁵tɕʰiɤɯ²¹tɕiɪʔ³təʔ⁰pəʔ³ɕiɔ²¹³tə⁰tsa²¹³ə⁰noŋ³³ti⁰xɔ²¹³]

这个老牛啊，[tsəʔ³kə⁰nɔ²¹³niɤɯ⁴⁵a⁰]

就晓得这个事情，[tɕʰiɤɯ²¹ɕiɔ²¹³tə⁰tsəʔ³kə⁰sʅ³³tɕʰiŋ⁰]

就同这个牛郎说的：[tɕʰiɤɯ²¹tʰoŋ⁴⁵tsəʔ³kə⁰niɤɯ⁴⁵naŋ⁴⁵sʊʔ³ti⁰]

"你 [不要] 烦噢。" [ni²¹³piɛ³³fɛ̃⁴⁵ɔ⁰]

说的：[sʊʔ³ti⁰]

"你把我头上的两个角拿下来，[ni²³ma²¹³ŋ²¹³tʰɤɯ⁴⁵saŋ³³ti⁰niaŋ²¹³kə⁰kaʔ³na⁴⁵a³³nɛ⁰]

做两个箩筐，[tsu³³niaŋ²¹³kə⁰nu⁴⁵kʰuaŋ²¹]

挑住你的两个伢儿子，[tʰiɔ²¹tsʰu²¹ni²¹³ti⁰niaŋ²¹³kə⁰a⁴⁵a⁰tsɛ⁰]

就可以去找到织女了。"[tɕʰiɤɯ²¹kʰu²³i²¹³tɕʰy³³tsɔ²¹³tɔ³³tsəʔ³ny²¹³nə⁰]

这个时候，[tsəʔ³kə⁰sɹ̩⁴⁵xɤɯ⁰]

牛郎还有点不大相信，[niɤɯ⁴⁵naŋ⁴⁵xa⁴⁵iɤɯ²¹³tiĩ²¹³pəʔ³ta³³ɕiaŋ²¹ɕiŋ³³]

两个老牛的角啊就突然地忈啊来啊，[niaŋ²¹³kə⁰nɔ²¹³niɤɯ⁴⁵ti⁰kaʔ³kaʔ⁰tɕʰiɤɯ²¹tʰəʔ⁵iĩ⁴⁵ti⁰tʰəʔ³kəʔ³nɛ⁰ə⁰]

> 忈：掉落

忈啊地下就变成两个箩筐。[tʰəʔ³kəʔ³tʰi²¹ə⁰tɕʰiɤɯ²¹piĩ³³tsʰəŋ⁴⁵niaŋ²¹³kə⁰nɤɯ⁴⁵kʰuaŋ²¹]

牛郎就把一儿一女，[niɤɯ⁴⁵naŋ⁴⁵tɕʰiɤɯ²¹ma²¹³iɻ²ʔ³a⁴⁵iɻ²¹ny²¹³]

就放啊两个箩筐里头，[tɕʰiɤɯ²¹faŋ³³ŋə⁰niaŋ²¹³kə⁰nɤɯ⁴⁵kʰuaŋ²¹ni²¹³tʰɤɯ⁰]

挑起来啊。[tʰiɔ²¹tɕʰi²¹³nɛ⁰a⁰]

那个担子才挑起来的，[na³³kə⁰tɛ̃³³tsɛ⁰tsʰɛ⁴⁵tʰiɔ²¹tɕʰi²¹³nɛ⁴⁵ti⁰]

咦，[i⁴⁵]

就像一阵风吹过来啊，[tɕʰiɤɯ³³tɕʰiaŋ³³iɻʔ³tsəŋ³³foŋ²¹tsʰuɛi²¹kɤɯ⁰nɛ⁰a⁰]

他就像飞起来啊，[tʰa²¹tɕʰiɤɯ²¹tɕʰiaŋ²¹fəi²¹tɕʰi²¹³nɛ⁰a⁰]

就朝这个天上就飞啊去哇。[tɕʰiɤɯ²¹tsʰɔ⁴⁵tsəʔ³kə⁰tʰiĩ²¹saŋ⁰tɕʰiɤɯ²¹fəi²¹ə⁰tɕʰy³³ua⁰]

一路上啊，[iɻʔ³nu³³saŋ³³ŋa⁰]

前头就望到织女嘞，[tɕʰiĩ⁴⁵tʰɤɯ⁰tɕʰiɤɯ²¹uaŋ³³tɔ⁰tsəʔ³ny²¹³nə⁰]

就赶啊赶。[tɕʰiɤɯ²¹kɛ̃²¹³ŋa⁰kɛ̃²¹³]

在这个时候呢，[tsɛ³³tsəʔ³kə⁰sɹ̩⁴⁵xɤɯ⁰nə⁰]

又被王母娘娘晓得啊这个事情。[iɤɯ²¹pəi⁰uaŋ⁴⁵mu²¹³niaŋ⁴⁵niaŋ⁰ɕiɔ²¹³təʔ³kə⁰tsəʔ³kə⁰sɹ̩³³tɕʰiŋ⁰]

王母娘娘啊，[uaŋ⁴⁵mu²¹³niaŋ⁴⁵niaŋ⁰ŋa⁰]

就把头上的那个金钗子，[tɕʰiɤɯ²¹pa²¹³tʰɤɯ⁴⁵saŋ³³ti⁰nɤɯ³³kə⁰tɕiŋ²¹tsʰa²¹tsɛ⁰]

拔下来啊，[pʰiæʔ⁵xa³³nɛ⁰a⁰]

在这个牛郎同织女的中间呢，[tsɛ³³tsəʔ³kə⁰niɤɯ⁴⁵naŋ⁴⁵tʰoŋ⁴⁵tsəʔ³ny²¹³ti⁰tsoŋ²¹kɛ̃²¹nɛ⁰]

这么一划的下子，[tsəʔ³mə⁰iɻʔ³xua²¹ti⁰xa²¹tsɹ̩⁰]

就变成啊一条天河。[tɕʰiɤɯ²¹piĩ³³tsʰəŋ⁴⁵ŋə⁰iɻʔ³tʰiɔ⁴⁵tʰiĩ²¹xu⁴⁵]

这个牛郎同织女呢，[tsəʔ³kə⁰niɤɯ⁴⁵naŋ⁴⁵tʰoŋ⁴⁵tsəʔ³ny²¹³nə⁰]

就不得办法见到面了。[tɕʰiɤɯ²¹pə²⁵tə²⁰pɛ̃³³fa²¹³tɕiĩ³³tɔ³³miĩ³³nə⁰]

这个喜鹊啊，[tsəʔ³kə⁰ɕi²¹³tɕʰiaʔ³ka⁰]

就很同情这个牛郎同织女。[tɕʰiɤɯ²¹xəŋ²¹³tʰoŋ⁴⁵tɕʰiŋ⁴⁵tsəʔ³kə⁰niɤɯ⁴⁵naŋ⁴⁵tʰoŋ⁴⁵tsəʔ³ny²¹³]

它咧，[tʰa²¹nɛ⁰]

每年到这个农历的七月初七，[məi²¹³niĩ⁴⁵tɔ³³tsəʔ³kə⁰noŋ⁴⁵niĩ²⁵tiᵒtɕʰiɪʔ³yʊʔ³tsʰu²¹tɕʰiɪʔ³]

就成千上万的喜鹊，[tɕʰiɤɯ²¹tsʰəŋ⁴⁵tɕʰiĩ⁴⁵saŋ³³vɛ̃³³tiᵒɕi²¹³tɕʰiaʔ³]

都飞到这个天河上头，[tu²¹fəi²¹tɔ⁰tsəʔ³kə⁰tʰiɪ²¹xu⁴⁵saŋ³³tʰɤɯ⁰]

就一个衔住一个的尾巴，[tɕʰiɤɯ²¹iɪʔ³kə⁰xɛ̃⁴⁵tsu³³iɪʔ³kə⁰tiᵒvəi²¹³pa⁰]

搭成啊一座鹊桥，[taʔ³tsʰəŋ⁴⁵ŋə⁰iɪʔ³tsɤɯ³³tɕʰiaʔ³tɕʰiɔ⁴⁵]

每年呐就可以让牛郎织女相会。[məi²¹³niĩ⁴⁵na⁰tɕʰiɤɯ²¹kʰɤɯ²³i²¹³zaŋ³³niɤɯ⁴⁵naŋ⁴⁵tsəʔ³ny²¹³ɕiaŋ²¹xuəi³³]

这就是牛郎同织女的故事。[tsəʔ³tɕʰiɤɯ²¹sʅ³³niɤɯ⁴⁵naŋ⁴⁵tʰoŋ⁴⁵tsəʔ³ny²¹³tiᵒku³³sʅ²¹]

牛郎和织女

古时候，有户人家家里有个小伙子，父母都去世了，只剩下他一个人。家里还养了一头老牛，大家都叫他牛郎。

牛郎同老牛耕田度日，相依为命，生活很艰苦。老牛其实是天上的金牛星。它看牛郎勤劳善良，所以就想帮他成个家。

有一天，金牛星得知天上的七位仙女要到村子东边的河里洗澡。它便托梦给牛郎，说："明天早上，天上有七位仙女会到村子东边的河里洗澡，你悄悄把挂在树上的一件红衣裳拿走后，就赶紧往家跑。很快这位仙女就会和你成亲了。"

牛郎对此半信半疑。第二天一大早起来，他还是去了村子东边的河边，一看，果真有七位仙女在那里戏水。他便拿了挂在树上的一件粉红色衣裳，然后往家里跑。这就是织女的衣裳。这天晚上，织女敲开牛郎家的门，两人就这样成了亲。

一转眼三年过去了，牛郎和织女生了一个男孩，一个女孩，日子过得挺好的。但这件事情被天上的玉皇大帝知道了。到了这一天，天上突然狂风大作，电闪雷鸣，织女就不见了。两个孩子哭着要妈妈，牛郎急得不知道该怎么办好。

老牛知道了这件事之后便同牛郎说："不要着急，你把我头上的两只角拿下来，做成两个箩筐，挑着两个孩子，就可以去找织女了。"就在牛郎还有点不相信时，老牛的角突然掉下来，变成两个箩筐。牛郎便把一儿一女放在箩筐里，挑了起来。担子刚挑起来，就好像有一阵风吹过似的，箩筐突然飞了起来，朝天上飞了过去。眼见前头就能看到织女了，这时却被王母娘娘发现了。王母娘娘把头上的金钗拔下来，在牛郎和织女的中间一划，就出现了一条天河。牛郎和织女就没办法见面了。

喜鹊很同情牛郎和织女的遭遇。每年农历的七月初七，成千上万只喜鹊都飞到天河上头，一只衔住一只的尾巴，搭成一座鹊桥，让牛郎和织女相会。

这就是牛郎和织女的故事。

泰州望海楼的传说故事 [tʰɛ³³tsʁɯ²¹uaŋ³³xɛ²¹³nʁɯ⁴⁵tiⁿtsʰʊ̃⁴⁵sʊʔ³ku³³sʅ³³]

我侪泰州有个望海楼。[ŋ²¹³nɛⁿtʰɛ³³tsɯ²¹iʁɯ²¹³kəⁿuaŋ³³xɛ²¹³nʁɯ⁴⁵] 我侪：我们

传说嘎，[tsʰʊ̃⁴⁵sʊʔ³kæʔⁿ]

这个楼是为了那个储罐要望他这个海岛上的母亲而建的。[tsəʔ³kəⁿnʁɯ⁴⁵sʅ³³vəi⁴⁵nəⁿna³³kəⁿtsʰu²³kʊ̃³³iɔ³³uaŋ²¹tʰaⁿtsəʔ³kəⁿxɛ²³tɔ²¹³saŋ³³tiⁿmu²¹³tɕʰiŋ²¹a⁴⁵tɕiĩ³³tiⁿ]

这个故事是这样的。[tsəʔ³kəⁿku³³sʅ²¹sʅ²¹tsəʔ³iaŋ³³tiⁿ]

说的储罐啊，[sʊʔ³tiⁿtsʰu²³kʊ̃³³aⁿ]

他家的啊爸爸在年轻的时候呐就做生意，[tʰa²¹ka²¹tiⁿaⁿpa³³pa⁰tsʰɛ²¹niĩ⁴⁵tɕʰiŋ²¹tiⁿsʅ⁴⁵xʁɯⁿnaⁿtɕiʁɯ²¹tsu³³səŋ²¹iⁿ]

现在说呗就叫经商啊。[ɕiĩ³³tsɛ³³sʊʔ³pəiⁿtɕʰiʁɯ²¹tɕiɔ³³tɕiŋ²¹saŋ²¹ŋaⁿ]

一次呐，[iɪʔ³tsʰʅ³³naⁿ]

他这个船在海上遇险，[tʰa²¹tsəʔ³kəⁿtsʰʊ̃⁴⁵tsʰɛ²¹xɛ²¹³saŋ³³y³³ɕiĩ²¹³]

就流落到一个荒岛上头，[tɕʰiʁɯ²¹niʁɯ⁴⁵naʔ³tɔ³³iɪʔ³kəⁿxuaŋ²¹tɔ²¹³saŋ³³tʰʁɯⁿ]

就不得走了吧。[tɕʰiʁɯ²¹pəʔ³təʔ³tsʁɯ²¹³nəⁿpaⁿ]

就同这个岛上啊，[tɕʰiʁɯ²¹tʰoŋ⁴⁵tsəʔ³kəⁿtɔ²¹³saŋ³³ŋaⁿ]

说的一个野人就一起生活，[sʊʔ³tiⁿiɪʔ³kəⁿia²¹³zəŋ⁴⁵tɕʰiʁɯ²¹iɪʔ³tɕʰi²¹³səŋ²¹xʊʔ³]

并且呐生下来一儿一女，[piŋ³³tɕʰiɛ²¹³naⁿsəŋ²¹xa³³nɛⁿiɪʔ³a⁴⁵iɪʔ³ny²¹³]

这个男伢儿子呐就叫个储罐。[tsəʔ³kəⁿnɛ̃⁴⁵a⁴⁵ⁿtsɛⁿnaⁿtɕʰiʁɯ²¹tɕiɔ³³kəⁿtsʰu²³kʊ̃³³]

他侪一家呐平常在这个岛上啊也就生活啊还蛮好的。[tʰa²¹nɛⁿiɪʔ³ka²¹naⁿpʰiŋ⁴⁵tsʰaŋ⁴⁵tsʰɛ²¹tsəʔ³kəⁿtɔ²¹³saŋ³³ŋaⁿaⁿa²¹³tɕʰiʁɯ²¹səŋ²¹xʊʔ³kəⁿxa⁴⁵mɛ̃²¹xɔ²¹³tiⁿ]

但是呗，[tɛ̃³³sʅ³³pəiⁿ]

他这个毕竟不是这个荒岛上的人啊，[tʰa²¹tsəʔ³kəⁿpiɪʔ³tɕiŋ³³pəʔ³sʅ²¹tsəʔ³kəⁿxuaŋ²¹tɔ²¹³saŋ³³tiⁿzəŋ⁴⁵ŋaⁿ]

他还想家呀。[tʰa²¹xa⁴⁵ɕiaŋ²¹³ka²¹ia⁰]

有一天子，[iɤɯ²¹³iɪʔ³tʰiĩ²¹tsɛ⁰]

这个储罐家爸爸就望见一个船走这个荒岛旁边走，[tsəʔ³kə⁰tsʰu²³kʊ̃³³ka⁰pa³³paʔ⁰tɕʰiɤɯ²¹uaŋ³³tɕiĩ³³iɪʔ³kə⁰tsʰũ⁴⁵tsɤɯ²¹³tsəʔ³kə⁰xuaŋ²¹tɔ²¹³pʰaŋ⁴⁵piɪ²¹tsɤɯ²¹³]

他就连忙地带住这个储罐啊，[tʰa²¹tɕiɤɯ²¹niɪ⁴⁵maŋ⁴⁵tiʔ⁰tɛ³³tsu³³tsəʔ³kə⁰tsʰu²³kʊ̃³³a⁰]

就裹啊人家船上去啊。[tɕiɤɯ²¹ku²¹³ə⁰zəŋ⁴⁵ŋə⁰tsʰũ²³saŋ³³tɕʰy³³a⁰]

这个他家储罐的这个妈妈呐，[tsəʔ³kə⁰tʰa²¹ka²¹tsʰu²³kʊ̃³³tiʔ⁰tsəʔ³kə⁰ma²¹ma⁰næ⁰]

就传说是个野人啊，[tɕʰiɤɯ²¹tsʰũ⁴⁵sʊʔ³sɿ²¹kə⁰ia²¹³zəŋ⁴⁵a⁰]

就跟啊后头□，[tɕʰiɤɯ²¹kəŋ²¹ŋə⁰xɤɯ²¹tʰɤɯ⁰ɕyɛ̃²¹] □[ɕyɛ̃²¹]: 追赶

就不曾□得上。[tɕʰiɤɯ²¹pəʔ³tsʰəŋ⁴⁵ɕyɛ̃²¹təʔ⁰saŋ³³] □[ɕyɛ̃²¹]: 追赶

她啊呗这个，[tʰa²¹a⁰pəi⁰tsəʔ³kə⁰]

据说呗是野人呗，[tɕy³³sʊʔ³pəi⁰sɿ³³ia²¹³zəŋ⁴⁵pəi⁰]

性子也比较野呀，[ɕiŋ³³tsɿ³³ia²¹³pi²¹³tɕiɔ³³ia²¹³ia⁰]

就马个女伢儿子说的撕掉啊。[tɕʰiɤɯ²¹ma²¹³kə⁰ny²¹³a⁴⁵a⁰tsɛ⁰sʊʔ³tiʔ⁰sɿ²¹tiɔ³³a⁰]

这样子呗储罐他就跟他爸爸就一起上啊岸吧。[tsəʔ³iaŋ³³tsɿ⁰pəi⁰tsʰu⁴⁵kʊ̃³³tʰa²¹tɕʰiɤɯ²¹kəŋ²¹tʰa²¹pa³³paʔ⁰tɕʰiɤɯ²¹iɪʔ³tɕʰi²¹³saŋ³³ŋə⁰ʊ̃³³pa⁰]

储罐呗渐渐也长啊大啊，[tsʰu⁴⁵kʊ̃³³pəi⁰tɕiĩ³³tɕiĩ⁰ia²³tsaŋ²¹³ŋa⁰ta³³na⁰]

他个想他家妈妈呀，[tʰa²¹kəʔ³ɕiaŋ²¹³tʰa²¹kə⁰ma²¹ma⁰ia⁰]

但是又不得办法到那个荒岛上去。[tɛ̃³³sɿ³³iɤɯ³³pəʔ³təʔ⁰pɛ̃³³fæʔ³tɔ³³na³³kə⁰xuaŋ²¹tɔ²¹³saŋ³³tɕʰy³³]

他只能到这个城东的这个望海楼上，[tʰa²¹tsəʔ³nəŋ⁴⁵tɔ³³tsəʔ³kə⁰tsʰəŋ⁴⁵toŋ²¹tiʔ⁰tsəʔ³kə⁰uaŋ³³xɛ²¹³nɤɯ⁴⁵saŋ³³]

登啊楼上去，[təŋ²¹ŋə⁰nɤɯ⁴⁵saŋ³³tɕʰy³³]

望他家妈妈。[uaŋ³³tʰa²¹kə⁰ma²¹ma⁰]

这就是这么个传说。[tsəʔ³tɕiɤɯ³³sɿ³³tsəʔ³məʔ⁰kə⁰tsʰũ⁴⁵sʊʔ³]

但是真正的情况是什呢啦？[tɛ̃³³sɿ³³tsəŋ²¹tsəŋ³³tiʔ⁰tɕʰiŋ⁴⁵kʰuaŋ³³sɿ²¹səŋ⁴⁵ni⁰na⁰] 什呢: 什么

我俫泰州确实有储罐这个人，[ŋ²¹³nɛ⁰tʰɛ³³tsɤɯ²¹tɕʰiaʔ³səʔ³iɤɯ²¹³tsʰu²³kʊ̃³³tsəʔ³kə⁰zəŋ⁴⁵]

并且这个人啊还不是一般的人。[piŋ³³tɕiɛ²¹³tsəʔ³kə⁰zəŋ⁴⁵ŋa⁰xa⁴⁵pəʔ³sɿ²¹iɪʔ³pɛ̃²¹tiʔ⁰zəŋ⁴⁵]

他的这个墓志铭上就有记载，[tʰa²¹tiʔ⁰tsəʔ³kə⁰mu³³tsɿ³³miŋ⁴⁵saŋ³³tɕʰiɤɯ²¹iɤɯ²¹³tɕi³³tsɛ²¹³]

泰州
玖·说唱表演

说他的这个妈妈，[suʔ³tʰa²¹ti⁰tsəʔ³kə⁰ma²¹ma⁰]

就是养他的妈妈姓王，[tɕʰiɤɯ²¹sʅ³³iaŋ²¹³tʰa²¹ti⁰ma²¹ma⁰ɕiŋ³³uaŋ⁴⁵]

他还有个晚妈妈姓董。[tʰa²¹xa⁴⁵iɤɯ²¹³kə⁰vɛ̃²¹³ma²¹ma⁰ɕiŋ³³toŋ²¹³] 晚妈妈：继母

储巏这个人啊，[tsʰu²³kũ³³tsəʔ³kə⁰zən⁴⁵ŋæ⁰]

在古时候还是蛮要学习的。[tsʰɛ²¹ku²¹³sʅ⁴⁵xɤɯ⁰xa⁴⁵sʅ³³mɛ̃⁴⁵iɔ³³ɕiaʔ⁵ɕiɪʔ³ti⁰]

参加这个官场的考试，[tsʰɛ̃²¹tɕia²¹tsəʔ³kə⁰kũ²¹tsʰaŋ⁴⁵ti⁰kʰɔ²¹³sʅ³³]

考啊个二甲的头一名。[kʰɔ²¹³ə⁰kə²¹a²¹tɕiæʔ³ti⁰tʰɤɯ⁴⁵iɪʔ³miŋ⁴⁵]

他当官呐，[tʰa²¹taŋ²¹kũ²¹na⁰]

一直当到这个南京的吏部主侍郎。[iɪʔ³tsʰə⁵taŋ²¹tɔ⁰tsəʔ⁰kũ⁰næ⁴⁵tɕiŋ²¹ti⁰ni³³pu³³tsu²¹³sʅ³³naŋ⁴⁵]

这个官是什呢啦，[tsəʔ³kə⁰kũ²¹sʅ²¹sən⁴⁵ni⁰na⁰]

就是考察官员的官。[tɕʰiɤɯ²¹sʅ³³kʰɔ²¹³tsʰæʔ⁵kũ²¹yũ⁴⁵ti⁰kũ²¹]

实际上就相当于现在的这个考察干部这个的官啊。[səʔ³tɕi³³saŋ³³tɕʰiɤɯ²¹ɕiaŋ²¹taŋ²¹y⁰ɕiĩ³³tsɛ³³ti⁰ tsəʔ³kə⁰kʰɔ²¹³tsʰæʔ³kɛ̃³³pu³³ti⁰tsəʔ³kə⁰kũ²¹a⁰]

他这个人啊，[tʰa²¹tsəʔ³kə⁰zən⁴⁵ŋæ⁰]

还在做官，[xa⁴⁵tsʰɛ²¹tsu³³kũ²¹]

清正廉洁，[tɕʰiŋ²¹tsən³³niĩ⁴⁵tɕiɪʔ³]

对这个嫉恶如仇啊，[tuəi³³tsəʔ³kə⁰tɕiɪʔ³aʔ⁰zu⁴⁵tsʰɯ⁴⁵a⁰]

刚正不阿，[kaŋ²¹tsən³³pəʔ³æʔ³]

所以呐也得罪啊不少的人。[su²³i²¹³na⁰a²¹³təʔ³tsuəi³³ə⁰pəʔ³sɔ²¹³ti⁰zən⁴⁵]

既然得罪啊人呗，[tɕi³³iĩ⁴⁵təʔ³tsuəi³³ə⁰zən⁴⁵pəi⁰]

就有好些人都恨他呀等于。[tɕʰiɤɯ²¹iɤɯ²¹³xɔ²³ia²¹³zən⁴⁵tɤɯ²¹xən³³tʰa²ia⁰təŋ²¹³y⁰]

为什啊事说他是这个野人养的啊，[vəi³³sən⁴⁵ŋə⁰sʅ³³suʔ³tʰa²¹sʅ³³tsəʔ³kə⁰ia²¹³zən⁴⁵iaŋ²¹³ti⁰a⁰] 什啊：什么
又说他是这个不是人养的呐，[iɤɯ³³suʔ³tʰa²¹sʅ³³tsəʔ³kə⁰pəʔ³sʅ³³zən⁴⁵iaŋ²¹³ti⁰na⁰]

就是这两个原因。[tɕʰiɤɯ²¹sʅ³³tsəʔ³niaŋ²¹³kə⁰yũ⁴⁵iŋ²¹]

一个原因啊就是说的储巏这个人比较长得瘦，[iɪʔ³kə⁰yũ⁴⁵iŋ²¹ŋa⁰tɕʰiɤɯ²¹sʅ³³suʔ³ti⁰tsʰu²³kũ³³tsəʔ³kə⁰ zən⁴⁵pi²¹³tɕiɔ³³tsaŋ²¹³təʔ⁰sɤɯ³³]

我俫泰州呗一般人长得瘦，[ŋ²¹³nɛ⁰tʰe³³tsɤɯ²¹pəi⁰iɪʔ³pɛ̃²¹zən⁴⁵tsaŋ²¹³təʔ⁰sɤɯ³³]

就说这个人瘦猴子啊，[tɕʰiɤɯ²¹suʔ³tsəʔ³kə⁰zən⁴⁵sɤɯ³³xɤɯ⁴⁵tsʅ⁰a⁰]

这是第一个原因，[tsəʔ³sɿ³³ti³³iɿʔ³kə⁰yʊ̃⁴⁵iŋ²¹]

就说他是，[tɕʰiɤɯ²¹sʊʔ³tʰa²¹sɿ³³]

等于说他是野人养的。[təŋ²¹³y⁰sʊʔ³tʰa²¹sɿ³³ia²¹³zəŋ⁴⁵iaŋ²¹³ti⁰]

第二个原因呗，[ti³³a²¹kə⁰yʊ̃⁴⁵iŋ²¹pəi⁰]

因为他得罪啊不少人吧，[iŋ²¹vəi⁴⁵tʰa²¹təʔ³tsuəi³³ə⁰pəʔ³sɔ²¹³zəŋ⁴⁵pa⁰]

这些人实际上就是要坏他的名啊，[tsəʔ³ia⁰zəŋ⁴⁵səʔ³tɕi³³saŋ³³tɕʰiɤɯ²¹sɿ³³iɔ³³xuɛ²¹tʰa²¹ti⁰miŋ⁴⁵ŋa⁰]

就要侮辱他。[tɕʰiɤɯ²¹iɔ³³vu²¹³zɔʔ³tʰa²¹]

这么说他不是人养的，[tsəʔ³mə⁰sʊʔ³tʰa²¹pəʔ³sɿ³³zəŋ⁴⁵iaŋ²¹³ti⁰]

说他是野人养的，[sʊʔ³tʰa²¹sɿ³³ia²¹³zəŋ⁴⁵iaŋ²¹³ti⁰]

说是猴子、猩猩养的。[sʊʔ³sɿ³³xɯ⁴⁵tsɛ⁰、ɕiŋ²¹ɕiŋ⁰iaŋ²¹³ti⁰]

其实这个故事也告诵我俫什呢啦？ [tɕʰi⁴⁵səʔ³tsəʔ³kə⁰ku³³sɿ³³a²¹³kɔ³³soŋ³³ŋ²¹³nɛ⁰səŋ⁴⁵ni⁰na⁰]告诵：告诉

就是社会上啊，[tɕʰiɤɯ²¹sɿ³³sɛ³³xuəi³³saŋ³³ŋa⁰]

还是比较复杂的吧，[xa⁴⁵sɿ³³pi²¹³tɕiɔ³³fɔʔ³tsæʔ³ti⁰pa⁰]

这个好人总有坏人要反对的。[tsəʔ³kə⁰xɔ²¹³zəŋ⁴⁵tsoŋ²³iɤɯ²¹³xuəi²¹zəŋ⁴⁵iɔ³³fɛ̃²¹³tuəi³³ti⁰]

被坏人反对，[pəi³³xuəi²¹zəŋ⁴⁵fɛ̃²¹³tuəi³³]

其实也不是坏事啊，[tɕʰi⁴⁵səʔ³a²¹³pəʔ³sɿ³³xuəi²¹sɿ²¹a⁰]

也是好事啊。[iɛ²¹³sɿ³³xɔ²¹³sɿ²¹a⁰]

所以证明我俫泰州这个古时候，[su²³i²¹³tsəŋ³³miŋ⁴⁵ŋ²¹³nɛ⁰tʰɛ³³tsɤɯ²¹tsəʔ³kə⁰ku²¹³sɿ⁴⁵xɯ⁰]

还是有好的人的吧、好的官的吧。[xa⁴⁵sɿ³³iɤɯ²³xɔ²¹³ti⁰zəŋ⁴⁵ti⁰pa⁰、xɔ²¹³ti⁰kʊ̃²¹ti⁰pa⁰]

泰州望海楼的传说故事

我们泰州有个望海楼，传说这座楼是储罐为了远望他在海岛上的母亲而建的。故事是这样的。

储罐的父亲年轻时做生意，用现在的话说就是经商。一次，他的商船在海上遇险，流落到荒岛上，没办法离开。他便同岛上的一个女野人一起生活，还生了一儿一女。男孩子就叫储罐。他们一家在岛上生活得挺好的。但是他毕竟不是荒岛上的人，时常会想家。有一天，储罐的父亲看到一艘船从荒岛边经过，他便连忙带着储罐上了船。

传说是储罐的母亲跟在他们后面追赶，但没有追上。据说野人比较野蛮，她把女儿撕掉了。就这样储罐就跟父亲一起回到了陆地上。

渐渐地储罐长大了，他很想念他的母亲，但是又没办法回到荒岛上去，就只能到城东的望海楼上远望母亲。传说就是这样的。

但是真正的情况是什么呢? 我们泰州确实有储罐这个人,而且这个人还不是一般的人。据储罐的墓志铭记载,他的生身母亲姓王,继母姓董。储罐这个人学习很刻苦,参加科举考试考了二甲第一名。他当官一直当到南京的吏部侍郎。这是个什么官呢? 就是考察官员的官,实际上就相当于我们现在考察干部的官。储罐为官清正廉洁、嫉恶如仇、刚正不阿,所以也得罪了不少人。既然得罪了人,就有很多人恨他。

为什么说他是野人生的呢? 有下面两个原因。第一个原因是储罐长得瘦,泰州人把长得瘦的人称为"瘦猴子",等于说他是野人生的。第二个原因是他得罪了不少人,这些人要坏他的名声,侮辱他,因此说他是野人生的,是猴子、猩猩生的。

这个故事告诉我们什么呢? 就是社会上的情况还是比较复杂的,好人总会被坏人反对。但被坏人反对,其实不是坏事,也是好事。这也可以证明古时候我们泰州还是有好人、有好官的吧。

泰州地区自古崇文重教，晚明显学"泰州学派"即发端于此，"儒风之盛，素冠淮南"，其方言文化极具保存价值。2016年，我承接泰州方言文化典藏项目，部分是出于"私心"。泰州是我的故乡，自我外出求学、工作，迄今已有三十余年，未有一时一刻忘记故乡风物。我希望通过典藏项目保存故乡的方言和文化，让更多的人了解泰州的风土人情，也算是一个"游子"为故乡做一点事情，尽一点绵薄之力。

10-1◆发音人王来顺先生

　　开展典藏项目工作,第一要务是根据当地情况确定方言条目,之后才能着手调查、摄录。经多方联络,我们找到泰州的王来顺先生做主要方言发音人。2016 年 7 月,基本内容一确定,我们就开始了摄录工作。当时王先生年近七十,十分敬业,提前让我们邮寄了相关材料,在家中做笔记。同时发动亲戚朋友,搜罗了大量歇后语、童谣、民间故事等作为备选资料。2017 年 11 月,我们请王先生补录一些条目,王先生很爽快地答应了。录音间隙,大家一起聊天,他夫人说王先生最近还在治疗。追问之下,才知道王先生刚动完手术还不到一个月,但他坚持要把收尾工作做好。儿女们一方面担心老人的身体,一方面对典藏工作十分支持,最后采取了一个折中的办法,让夫人陪同,方便照料。我们非常感动。一位普通退休老人,能够为家乡方言文化做到如此地步,我们有什么理由不尽心竭力、努力工作呢?

　　当时我正在编写《泰州市志》方言篇,需要到泰州调查。我认为这是一个契机,可以将方言调查与典藏摄录结合起来,做真正的方言文化调查。泰州市史志办提供了很大帮助,为我们调查团队十余人的食宿、交通做了精心安排。为了让我们更全面地了解泰州文化,专门请了泰州的民俗学家为我们规划路线。从泰兴黄桥古镇到兴化老街,从梅兰芳故居到凤城河,

既能欣赏千岛油菜花、湿地森林的自然风光，也能在寻常巷弄里体会到温馨的市井风情。通过这次的走访，我们对泰州地区的方言文化概貌有了较为全面的了解。此后，我们又陆续联系海陵区史志办沈子异等同志，帮忙安排当地风俗的拍摄，凡有婚育丧葬等相关活动，他们必早早地通知我们，并帮忙与主家打好招呼，给我们提供了许多便利。

　　在两年多的调查过程中，很多人都给予了我们无私的帮助，没有他们的热心帮助，我们的调查工作不会这样顺利。在黄桥古镇理发店，我们找到旧时的推子，征得同意后连忙拍摄。老板娘见我们对老物件感兴趣，主动告诉我们，家里还有跟推子配套的梳子和剪子，约我们第二天再来。再如在泰山行宫，我们当时想拍佛像，录念经等宗教活动，但又担心寺庙的忌讳和规矩，只得找到住持，说明来意，希望允许我们拍摄。本来我们还担心会遭到拒绝，谁知住持十分爽快地答应了，称赞这是让大众了解佛教文化的好事，同意我们在做法事时，进殿拍摄。不止如此，住持还留下了他的联系方式，并把他熟识的一位南京大报恩寺法师的联系方式也告诉我们，说若是我们遇到不明白的地方，尽管联系他们。

10-4 ◆顾黔与泰州市海陵区史志办沈子异先生合影

拍摄过程中,时令性的节日、农事最为紧急,错过了就得等下一年。有一次拍秋收,时间很紧,需要到泰兴乡下才能拍到。我想起一个朋友提到过,泰兴有一位吴建明先生,收藏了很多老物件,就试着联系,看能不能让我们前往拍摄。吴先生十分热情,不但一口答应,还专门请人驾车,送我们到泰兴乡下,在田间地头找割稻的、打场的,等等。又亲自下田锄地、割草。凡此种种,难以一一列举。泰州的王建春先生,出于对家乡文化的热爱,也为我们提供了戏曲表演等优秀的摄影作品。

前面说承担典藏项目的原因,一是出于乡心,另一原因则是为了培养学生。方言学研究,既要能在书斋里坐得冷板凳,更要走到田野去,获取第一手资料,才能做好原创性的研究。而田野调查必定需要跟人打交道,沟通协调、统筹安排等都是书本之外的学问,只有在实践中才能锻炼出来。因此,我让博士生和硕士生参与这个项目,由他们分工合作,自主分期分批,组织团队,奔赴田野。历时两年多,蔡爱娟、程涵、李华琛、李露瑶、刘彦哲、钱慕逸、强睿、汪莹、王丽彬、王雯静、王心蕊、王雨铖、王子衿、徐榕、喻楠、赵锦秀、朱玲等,都先后参与了这项工作。随着调查的推进,他们的团队合作意识、组织协调能力都得到大幅提升。

承担典藏项目源于我对故乡的眷恋,通过这个项目,也加深了我对故乡的了解。除了知道泰州原是"银杏之乡",还知道泰兴的小提琴制造业蜚声海内外,生产量竟占世界总量的

中国语言文化典藏

70%。随着社会和时代的变迁，看到越来越多的方言、风俗快速消亡，我心急如焚。小时候常见的农耕场景、对襟衣服，逐渐被机械和新潮服饰取代。老鞋匠张桂田说，他以前一收就是七八个徒弟，可现在一个都收不到了，可能做鞋的手艺就会在他手上终结。遗憾之余我常想，典藏的意义或许正在于此。十年百年后，我们的孙辈无法想象今天的生活，但是有典藏、有声音、有图像、有视频，他们就可以了解过去，走近他们的祖辈，了悟乡土乡愁，就不受时间的阻隔。

陈社主编 2006《泰州特色文化》，苏州大学出版社。

丁世良，赵放主编 1995《中国地方志民俗资料汇编·华东卷》，书目文献出版社。

范观澜 2001《江淮名刹泰州光孝寺》，江苏古籍出版社。

顾黔 2014《南京方言民俗图典》，语文出版社。

江苏省地方志编纂委员会编 1998《江苏省志·方言志》，南京大学出版社。

江苏省地方志编纂委员会编 2002《江苏省志·民俗志》，江苏人民出版社。

李晏墅，郭宁生主编 2014《泰州通史》，凤凰出版社。

李晏墅，郭宁生主编 2014《泰州文化》，凤凰出版社。

潘宝明主编 1997《维扬文化概观》，南京师范大学出版社。

泰县县志编纂委员会编 1993《泰县志》，江苏古籍出版社。

泰兴市史志档案办公室编 2004《泰兴年鉴（2004）》，方志出版社。

泰州市地方志编纂委员会编 1998《泰州志》，江苏古籍出版社。

吴镕主编 1997《中国乡镇·江苏卷》，新华出版社。

徐同华 2007《泰州名胜》，江苏文艺出版社。

姚绍宏主编 2012《泰州民歌选集》，南京师范大学出版社。

叶大兵等编 1990《中国风俗辞典》，上海辞书出版社。

俞扬辑注 1999《泰州旧事摭拾》，江苏古籍出版社。

中国民间文学集成全国编辑委员会等编 1998《中国歌谣集成·江苏卷》，中国 ISBN 中心出版。

中国民间文学集成全国编辑委员会等编 1998《中国谚语集成·江苏卷》，中国 ISBN 中心出版。

钟鸣主编 2006《泰州印记》，中国文史出版社。

索引

1. 索引收录本书“壹”至“捌”部分的所有条目，按条目音序排列。“玖”里的内容不收入索引。

2. 条目首字如是《现代汉语词典》（第 7 版）未收的字、方框“□”，统一归入“其他”类，列在索引最后，并标出整个词的音。

3. 条目中如有方框，在后面标出整个词的音。

4. 每条索引后面的数字为条目所在正文的页码。

中国语言文化典藏

泰州

索引

中国语言文化典藏

泰州

索引

中国语言文化典藏

泰州

索引

泰州

索引

327

泰州为中国历史文化名城，泰州方言及民俗的过渡色彩很浓，既有江淮官话的特点，又与吴语有相同相似之处。

本书将泰州方言与民俗结合起来，以民俗为重点，从泰州人民的日常生活入手，开展实地调查，拍摄照片、录制视频，直观地展示泰州居民过去、现在的日常生活状态，反映他们的物质生活条件及精神面貌的改变，体现他们的审美情趣。

泰州点的调查从 2016 年开始，到 2018 年年底结束。我和团队成员多次赴实地调查，每逢节假日，大家都很兴奋，因为又可以去泰州调查、拍照了。在调查过程中，我们得到了很多人的帮助。尤其是主要方言发音人王来顺先生，已 70 多岁高龄，不辞劳苦，每次都积极配合我们的调查工作。第二次补录时，王先生刚动过手术不久，但他并未提及此事，在聊天时我们才偶然得知。他对泰州典藏工作的重视和支持，实在令人感动、敬佩！

《中国语言文化典藏·泰州》的编写，严格按照项目统一的规范进行。共拍摄照片800余幅，视频1000余条。由于体例和篇幅所限，入书的照片为600余幅。每幅照片均有对应的方言名称和解释，反映了泰州人民的方言文化现状。

泰州各区县市史志办和泰州各界方言文化热心人士，为我们的田野调查提供了极大的支持和帮助，特别是沈子异、陆迎春、李国建、潘瑾、卢惠雯、树慧敏、吴建明、龚为等。程涵、李华琛、蔡爱娟、李露瑶、刘彦哲、汪莹、强睿、徐榕、喻楠、王雨铖、王丽彬、钱慕逸、赵锦秀、王雯静、王心蕊、王子衿、朱玲等先后参与了调查、摄录、剪辑、整理工作。没有他们的支持和积极参与，本书无法顺利完成，在此一并表示衷心感谢！

由于种种原因，特别是一些民俗文化现象日渐式微，很多内容未及收录，加之水平有限，不足之处，敬请方家和读者批评指正。

顾 黔

2018 年 4 月于南京仙林

图书在版编目（CIP）数据

中国语言文化典藏.泰州/曹志耘，王莉宁，李锦芳主编；
顾黔著.—北京：商务印书馆，2022
ISBN 978-7-100-20986-1

Ⅰ.①中…　Ⅱ.①曹…　②王…　③李…　④顾…　Ⅲ.①江淮
方言—方言研究—泰州　Ⅳ.①H17

中国版本图书馆 CIP 数据核字（2022）第 055678 号

中国语言文化典藏·泰州

曹志耘　王莉宁　李锦芳　主编

顾黔　著

商务印书馆出版
（北京王府井大街 36 号　邮政编码 100710）
商务印书馆发行
南京爱德印刷有限公司印刷
ISBN 978-7-100-20986-1

2022 年 8 月第 1 版
2022 年 8 月第 1 次印刷
开本：787×1092　1/16
印张：21¼

定价：280.00 元